旅游「金三角」首选稻芒香

王代兵 主编

今天闻稻香 明日出新芒

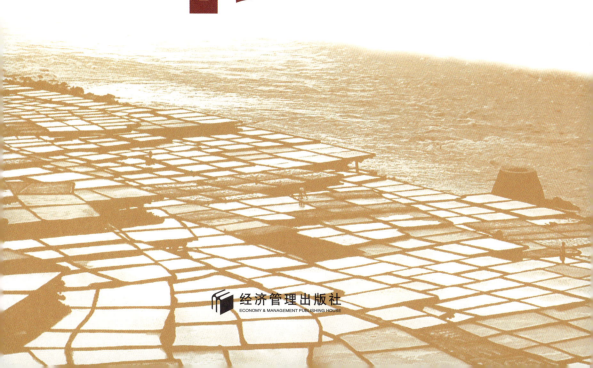

经济管理出版社
ECONOMY & MANAGEMENT PUBLISHING HOUSE

图书在版编目（CIP）数据

旅游"金三角" 首选稻芒香/王代兵主编 . —北京：经济管理出版社，2019.5
ISBN 978 - 7 - 5096 - 6536 - 7

Ⅰ. ①旅…　Ⅱ. ①王…　Ⅲ. ①旅游指南—芒康县　Ⅳ. ①F928. 975. 4

中国版本图书馆 CIP 数据核字（2019）第 071591 号

组稿编辑：曹　靖
责任编辑：杨国强
责任印制：黄章平
责任校对：赵天宇

出版发行：经济管理出版社
　　　　　（北京市海淀区北蜂窝 8 号中雅大厦 A 座 11 层　100038）
网　　址：www. E - mp. com. cn
电　　话：（010）51915602
印　　刷：三河市延风印装有限公司
经　　销：新华书店
开　　本：720mm×1000mm/16
印　　张：16. 75
字　　数：232 千字
版　　次：2019 年 5 月第 1 版　　2019 年 5 月第 1 次印刷
书　　号：ISBN 978 - 7 - 5096 - 6536 - 7
定　　价：68. 00 元

旅游"金三角" 首选稻芒香

顾　问：黎　勇　蔡家林　齐应海　泽仁顿珠

主　编：王代兵

副主编：李郁钾　刘晨星　王　恒

编　委：李　飞　石金莲　高　山　荣婷婷
　　　　李明明　胡　欢

前　言

　　稻城亚丁、善妙芒康、香格里拉这三个地方，已有两个是世界顶级知名旅游景点，还有一个目前虽不是，但我坚信将来也一定会是著名旅游景点。

　　这三个地方分别位于四川、西藏、云南三省区的交界处，形成了一个天然的旅游"金三角"线路。也许，很多人去过其中一个地方，或者两个地方，但三个地方都去过的人应该不会太多，就算是去了，恐怕也不是同一次旅程，因为以前道路还不是很通畅，这三个地方名气也不太响。

　　因为工作关系，稻城亚丁、善妙芒康、香格里拉我都去过多次，特别是善妙芒康，我在这里生活了将近三年，对这里的山山水水、一草一木都特别熟悉。我一直觉得，这三个地方有很多相同之处，亦有很多不同之处。说相同，它们都是高原，都属藏区，天空是一样的湛蓝，酥油是一样的飘香，牦牛是一样的强壮。说不同，它们又独具特色，各美其美，誉满天下。我曾经长久痴迷于稻城亚丁那三座触手可及的雪山，也曾经一度陶醉于香格里拉那两个水天一色的湖泊，但如今却深深沉浸在善妙芒康那种物我两忘的融入。现实中，很多的景点，景色是独有的、美妙的，但也是静态的、被动的，需要我们去触摸、去感悟；而芒康的山水湖田都是鲜活的、灵动的，我们会不由自主地响应、情不自禁地融合，不管是千年不变的古老盐田，还是恒久弥新的弦子歌舞；也不管是愈看愈神的莽措湖，抑或是越吃越香的"加加面"，都让人身心得以愉悦、精神得以振奋、灵魂得以涤荡。芒康的景色是立体多元的、芒康的感悟是温润骨髓的。现在的人们，都喜欢深度游、体验游，而这些，善妙芒康无疑是肯定的选择。当然，也有人说与另外两个地方相比，善妙芒康还显得不起眼、不出名。这不怪你，因为这里的旅游发展刚刚起步、旅游推介还未火热，也许还有一点是因为，你了解得还不是太深。

稻城亚丁、香格里拉确已万众膜拜，但善妙芒康一定会摄人心魄。它们不仅是地理位置上的旅游"金三角"，更是内涵气质上的旅游"金三角"。稻城亚丁的景色优美，香格里拉的故事动听，善妙芒康的人文厚重，互补互动，相映生辉。虽然前两者起步更早、条件更成熟，但芒康厚积薄发、奋起直追，旅游"金三角"就指日可待，必喷薄而出。

前不久看了一篇文章，说的是哭闹的婴儿为什么一靠近母亲的怀抱就不哭闹了。因为他们想听到母亲的心跳，他们需要一种最原始的安全感。这就印证了为什么工业越发达、城市越先进，人们却越想亲近自然、越想远离喧嚣。说到底，人类来自自然，离不开大地母亲的怀抱。探寻清静之处、钟爱自然之美，是人们天生的、本能的渴求与慰藉。科学越进步、经济越繁荣，人们的这种需求就越强烈。"稻芒香"这种以原生态为内核的旅游，越来越会受到市场的青睐和人们地追捧。我们邀请北京联合大学旅游学院等高校、媒体的朋友全面踏勘"金三角"，深度传导"康巴情"，目的既是为读者提供一个更完善、更深度的生态旅游黄金线路，也是为"西藏门户"——善妙芒康的发展崛起加油助力。

善妙芒康有理由、有信心、有激情发展壮大旅游事业，全面融入、齐心共铸旅游"金三角"。今天闻稻香，明日出新芒，一个相得益彰、世界顶级的旅游"金三角"，必将横空出世，闪耀全球。

目　录

旅游『金三角』首选稻芒香

第一篇
朝圣在大香格里拉的路上

中甸到亚丁

——荒野深处淡忘香格里拉

飞机在迪庆香格里拉机场上空盘旋下降，舷窗外山峦葱郁，细雨蒙蒙。

户外旅行最忌阴雨天气，偏偏我们的旅途将风雨追随。预报显示，此行的三个目的地——云南香格里拉市、四川稻城县、西藏芒康县，未来18天全部为雨天。

好在今天的雨还不算大，由机场驾车进入建塘镇不到 10 分钟，雨势逐渐减弱。

建塘镇是迪庆藏族自治州和香格里拉市政府的共同驻地，地处高山盆地，四面环山。车窗外，簇簇云朵在山腰间飘荡，山顶插入云中；云彩紧贴地面飘浮在草甸上方，像被扯开的棉絮，*丝丝缕缕*，随风飘散。

白云，是横断山区最撼人心魄的灵动图景。

横断山脉是纵贯滇川藏交界区域的一系列平行山脉的总称，印度洋暖湿气团沿横断山脉河谷进入中国，使得位于横断山脉中部的香格里拉市形成了四季白云缭绕的绮丽景观。

此次考察西藏芒康的重庆第八批援芒工作队组织，以北京联合大学的老师为主体，旨在促进重庆市渝北区的对口援藏单位——西藏芒康县的旅游形象推广，旅行线路被冠以一个香艳的名字——"稻芒香'金三角'之旅"。

旅游『金三角』首选稻芒香

稻芒香"金三角"之旅的首站是香格里拉市郊的纳帕海。这里海拔约3200米，是季节性的高原沼泽湿地。夏秋雨季时，纳帕海形成东西宽约6千米、南北长12千米的湖泊；秋冬水位回落，湖床变成沼泽草甸，成为天然牧场。我们到访正值雨季，可以望见难得一见的高原湖泊。

遗憾的是，由于和雨季重叠，夏季并非纳帕海最佳游览时节。走在草地上，脚下的积水很快就浸湿了鞋袜，随处可见的牲口粪便降低了我们的观光兴致。也许，纳帕海更值得远观吧！

当地林业部门的朋友以略带惋惜的口吻说，你们如果秋天来就好了。他们介绍，从9月底开始，纳帕海四周山上的落叶松、白桦、高山柳树叶渐次变色，多彩的树叶交织盛开，草甸上簇生着桃红色的狼毒草，彼时的纳帕海会展示出奇妙的高原秋色。

纳帕海的冬季也是理想的观光季节。作为中国大陆上一条重要的候鸟通道，每年春秋季大量候鸟沿横断山河谷山脉迁徙。位于横断山核心地带的纳帕海因拥有大面积浅水沼泽和沼泽化草甸，为鸟类提供了丰富的食物和适宜的栖息环境，因而成为候鸟的主要中转地和越冬地。在这里停留越冬的湿地鸟类多达50多种，高峰期数量超过2万只，包括众多猛禽，如白尾海雕和胡兀鹫等。

坦率地说，纳帕海的景观不太容易触动我的情怀。作为以旅行为业的人，景观审美的兴奋阈值已经被阅历抬高，眼里再难看见景致；更何况这样的景观环境在川滇藏交界的康巴地区并不罕见——高山草甸、白云绕山、寺庙金顶、牦牛羊群，甚至农作物的种类都基本相同。

然而，我依然对纳帕海充满着向往，只因为400年前徐霞客的一个未竟梦想。

　　时光倒回崇祯十二年（1639 年）二月初五，丽江城西北山坡上的土司别墅解脱林，徐霞客独自站在五凤楼前的南廊房内，一脸失意。就在上午，他向土司木增提出去中甸（当时叫"忠甸"），遭到婉拒。中甸即是现在的香格里拉市。当天的日记中这样记述：

　　"初五日……且求往忠甸，观所铸三丈六铜像。既午，木公去，以书答余，言忠甸皆古宗，路多盗，不可行。"

　　三丈六，也就是说这座铜佛像足有 12 米，相当于四层住宅楼的高度。铜像当时就坐落于纳帕海北山上的衮钦寺内。这是一座汉藏造型的寺院，面向纳帕海，主体大殿高四层，覆盖琉璃瓦，是当时中甸重大宗教活动的中心。来往滇藏的各族商客游人，都会入寺进香顶礼膜拜，香火极旺。

　　不难理解徐霞客对造访中甸的渴望，可惜，这位声名卓著的中原文化使者与纳帕海畔的西南文化胜迹就这样失之交臂。

　　在徐霞客怏然离开丽江返回家乡的第六年，衮钦寺毁于清初的宗教纷争，铜像也不知所终。今天，寺院遗址已建成高山植物园。站在植物园的山坡向南望去，穿过纳帕海宽阔的草甸和湖泊，我依然感受到徐霞客从玉龙雪山西麓投向中甸高原的殷殷目光。

　　纳帕海属我国湿地类型，2005 年被列入《国际重要湿地名录》。但纳帕海并非一个单纯的自然湿地，衮钦寺和铜佛像赋予它深厚的人文内涵。回望历史，更多的故事曾在这块土地上发生。

　　唐代贞观时期，建立于青藏高原的吐蕃王朝向东南扩张，并建军事寨堡于龟山上，即今天的独克宗老城；纳帕海是中甸坝区最大的草甸，吐蕃军队在此厉兵秣马。

　　明朝期间，丽江纳西族木氏土司向西藏扩张攻占中甸，在纳帕海周边移民屯兵，开矿征税。

　　康熙二十七年（1688 年），清廷"准于中甸互市"，中甸成为滇藏通商贸易的重要驿站，商贾旅人在此歇脚养马。

　　"二战"后期，日军切断中国沿海所有对外通道，滇藏茶马古道遂成为抗战物资输入和国际贸易的唯一陆路通道。当时，在中甸休整的驼队多在纳帕海的草甸放牧牲口，最多时上万匹骡马云集。

今天，纳帕海的商旅驮队已随历史的烟云走远，纳帕海变为一处恬静的休闲营地。在烟雨朦胧中驱车环湖浏览，远方的草甸上，漫步的游人和散牧的牦牛三三两两，闲适而淡然。恍然中，我仿佛看见马帮依然饮马湖畔，绿茵茵的草甸上，白色毡房星星点点，袅袅炊烟。

二

在香格里拉，类似纳帕海的亚高山草甸和湖泊保护区还有普达措。这里距离市区约 25 千米，是我国 10 家国家公园体制试点之一。不过，许多旅游者是通过一场婚礼而知晓这片地处青藏高原东南边缘的荒野的。

2011 年 9 月 26 日，流行歌手张杰和湖南卫视主持人谢娜的婚礼在普达措蜀都湖畔举行，现场大批娱乐界名流和媒体记者云集，微博直播和新单曲首播也穿插于婚礼过程中。普达措的亚高山草甸铺满鲜花，也为新娘洒下动情的泪水。名人和荒野同时置身于聚光灯下，普达措国家公园由此获得更多的社会关注。

当然，普达措成名也并非源于这场婚礼。云南是我国最早引入国家公园这一全球公认的保护地模式的省份。2006 年，云南省迪庆藏族自治州通过地方立法，将国务院批准划入"三江并流国家重点风景名胜区"的有关地域命名为国家公园，中国第一家以国家公园命名的保护地随之诞生——尽管当时的普达措国家公园名称还只是一张"地方粮票"。2015 年，普达措被国务院列入国家公园体制试点。

我们参观普达措时，正值国家公园生态保护和修复整改阶段。从 2017 年开始，这里相继关闭了碧塔海栈道和位于弥里塘的亚高山牧场，游客只能在观景台上远距离观赏。承蒙香格里拉主管部门特别批准，我们得以沿碧塔海湖边铺设的近 5 公里长的步行栈道，近距离徒步考察碧塔海湿地、湖泊和森林。

霏霏细雨中，碧塔海烟霏云敛；湿地，水面、岸线、山峦和山顶笼罩的白云构成富有层次感的画面。

栈道沿湖岸而建，穿越高山森林。朽木枯枝凌乱地倒伏在草甸上或浸泡在湿地中，树枝上覆盖着苔藓；盘根错节的巨大树根裸露在地表，往山坡上望去，针阔叶混交林间黑暗幽深，透出远古的莽荒与神秘莫测。

的确，我们所走过的川滇高山栎正是一类古老的残遗植被，而且与1万千米之外地中海沿岸的硬叶常绿阔叶林素有渊源。

大约2亿年前，横断山和青藏高原还是一片汪洋，横贯于现今欧亚大陆南部地区，并与北非、南欧、西亚和东南亚的海域沟通，称作"特提斯海"或"古地中海"。后来，地球上南北两块大陆开始分裂漂移，印度板块快速向北移动，特提斯海壳受到强烈挤压，造成横断山和青藏高原从海底慢慢隆起，由海成陆。因此，现代喜马拉雅——横断山的高山植物中有相当一部分就起源于距今约6500万年的地中海植物区系，其中就包耸立于碧塔海北岸的川滇高山栎。

穿行在森林中，可见两旁树上挂着长达1米，灰绿色胡须一般的长松萝。北京联合大学石金莲教授介绍说，长松萝属地衣类植物，对生长环境要求严苛，是天然的空气监测器，因而也成为普达措引为自豪的地方。

碧塔海整体水面体量不大，东西长3公里，南北宽仅0.3～1.5千米。难怪网友抱怨这里的风景不如九寨沟的水景艳丽。然而，这片不大的水面里就游弋着中甸重唇鱼。它是从十几万年前的中更新世末在中甸盆地保存下来的原始重唇鱼类，分布于此刻我们置身其中的中甸盆地的内流水体，以及金沙江水系的小中甸河。

更令我惊奇的是，碧塔海与纳帕海这两处封闭型的高原湖泊，竟然是长江上游——金沙江的重要水源地。由于特殊的岩溶地质条件，碧塔海和纳帕海湖水蚀穿石灰岩山体，形成落水洞，从地底潜流后注入金沙江。在四川宜宾，金沙江接纳岷江后汇成长江，自西向东一路勾连起中国多个气候带和地理单元，浩浩荡荡，奔流入海。两个不起眼的高山湖泊，就这样将中国西南边陲与辽阔内陆联系在一起。

三

其实，在两个湖泊流入的数条暗河的地面之上，还有一条通道将中甸盆地与内陆相连，这就是茶马古道的南路——滇藏茶马古道。这条世界上地势最高、路况最为跌宕的商贸通道，始于滇南茶叶产区，一路北上经滇西北进入西藏。滇藏茶马古道由丽江进入西藏有多条道路可选择，但中甸始终是首选的经停地。

相比丽江，中甸海拔高出 1000 米，达 3300 米以上，属高寒坝区。由于地处横断山脉和三江并流区域内一块难得的平缓盆地中，中甸草原辽阔，水源充足。1688 年互市通商后，中甸逐渐发展成为滇藏茶马古道上由中央政府开辟的一处商品交易与集散地。在这里，马帮在丰茂如茵的草场放养骡马，在建塘镇上采办充足的酥油、盐巴、青稞酒，还有削铁如泥的独克宗腰刀。时间充足的话，他们还会找松赞林寺的喇嘛在石板街边下一盘"密芒"，一种古老的棋盘上有纵横十七道线路的藏族棋类游戏。

对于马帮，中甸是漫漫茶马古道上一处罕见的安适驿站，他们将在这里度过几天可贵的歇息时光。短暂休整后，马帮再次扬鞭启程。长长的驮队伴着铃声，走过一段令人心旷神怡的平坦草原，渡过金沙江，翻越白马雪山，沿怒江、澜沧江河谷，走向雄浑壮阔的雪域高原。

中甸当年的城镇位于现香格里拉市的主城区——建塘镇的南部，也就是今天我们熟知的独克宗。如今，这里已经成为一座熙熙攘攘的观光小镇。主街道两旁排列着工艺品店、青年旅馆、酒吧餐馆和户外用品商店；市面上满眼藏语的楹联牌匾，街道上方横挂着五彩风马旗。

只有步入寂静黯淡的老街深处，我们才猝然发现，脚下锈色和青黑色石板铺就的路面沧桑依旧，默默见证老城的兴衰流年。

旅游『金三角』首选稻芒香

在蒙昧时代，中甸曾经被来自甘青地区的古羌人统治。进入唐代，青藏高原的吐蕃政权向东扩张，并在中甸建立军事寨堡，藏语称建塘——这是独克宗建城的肇始。明代中期，纳西族木氏土司向北部藏区扩充势力，攻克建塘，取名忠甸，纳西语为"酋长居住的地方"。乾隆二十一年（1756年）置中甸厅，1913 年改为中甸县，2001 年更名香格里拉县（后改为市）。

中甸更名为香格里拉是中国旅游业的一件大事。尽管，新地名暴露出无法掩饰的牵强附会和破绽，但作为一次成功的商业营销，其影响是巨大的。无论如何，当詹姆斯·希尔顿坐在海拔不到 50 米的伦敦东北部家中，为创作搜肠刮肚时，他没有想到书中臆造的"香格里拉"寺庙，在 80 年后竟成为地球海拔最高的青藏高原上的一个县名。

当然，更名的效果确实是立竿见影。我在中甸更名宣布大会的 6 个月后到过香格里拉市，至今还记得当时访客如云的热闹场景。那时的老城里街道坑坑洼洼，许多房子空在那里，看似摇摇欲坠。街面上卡卓刀地摊旁，卖刀的小伙子身穿藏袍一边吆喝，一边表演刀削铁钉；成排的卡卓刀整齐摆放，闪耀青光。

香格里拉，这个由西方人所创造的地名迎合了国人，尤其是一代小资和文艺青年先入为主的西藏想象，赋予他们可供炫耀的时尚生活标签。

在独克宗，身穿各色冲锋衣的游客脸上洋溢着节庆喜悦，沿街串过一家又一家商店；戴着针织帽的文艺女青年坐在皮匠坡昏暗的咖啡馆，捧着《仓央嘉措诗传全集》，神情忧郁，呈投入状。旅游社交网站上，充满似曾相识的香格里拉感怀——尽管许多人压根就没看过詹姆斯·希尔顿的《消失的地平线》。

不过，我还是喜欢中甸这个名字，因为它蕴含丰富的历史信息，具有鲜明的文化表征意义。而香格里拉更像是一个刻意迎合西方人的文化想象而雕饰的一个标签化的文化幻境。真实的中甸，只能在方志和严谨的田野调查中被还原。

公元 7 世纪末期，吐蕃政权在今独克宗古城的龟山上修建军事寨堡。

旅游『金三角』首选稻芒香

根据清代光绪年间修编的中甸县志，中甸第一座城池则修建于清代雍正二年（1724 年），周长约 1200 米，设四门城楼，堆土墙。这座土城 1863 年在战乱中被烧毁后一直没有重建，直到民国十年（1921 年）修建新城，即今天独克宗古城的原型。民国政府使者刘曼卿 1932 年到访中甸的游记中写道："全城街道共只两条。"中华人民共和国成立时，城内有 361 户人家。[1]

历史上，独克宗命运多舛。中甸开通互市以后，独克宗就不断遭遇兵乱和土匪焚毁抢掠，商业受到持续的冲击。中甸的滇藏贸易自唐时发端，宋、元、明逐渐成势，兴盛于清末民初。1918 年后，由于军阀混战，滇川藏交界区域匪患猖獗，县城内和松赞林寺旁由喇嘛控制的大宗贸易街区白蜡谷屡遭土匪袭击，商业随之凋零。1997 年修编的《中甸县志》记载："仅1921 ～ 1933 年，县城被定乡（四川乡城）农奴主土匪焚抢三次，各乡村尤其是金沙江沿岸屡遭劫掠。'三年一小抢，五年一大抢'，民不聊生。"

令人意外的是，中甸的商业贸易在抗战后期却迎来鼎盛。1942 年，滇缅公路被日军炸毁，茶马古道成为中国通向世界唯一的地面物资运输线；藏族马帮从印度、尼泊尔运进了大量的紧缺商品，包括枪支弹药。当时来往于这个古镇与拉萨之间的商号有 190 多户，每年有上万匹驮马经过，双程货运量达 1000 多吨。

中甸获得空前的发展机遇是在中华人民共和国成立后，尤其是在 2001 年国务院批准中甸县更名为香格里拉县（后又升格为市）后。"香格里拉"这个西方人创造的词汇，极大地激发起一个经济落后地区渴求发展的强烈冲动，中甸由此进入史无前例的经济社会转型时期。

然而，几年前的一场大火严重阻滞了香格里拉市的经济社会发展进程，尤其是旅游业的发展。

2014 年 1 月 11 日凌晨，独克宗古城遭遇特大火灾事故，过火面积占古城核心保护面积的 18%，火灾造成 335 户居民受灾。昔日茶马古道的主干道皮匠坡两侧民居建筑全部烧毁，街巷空间原真性毁灭，居民院落中的

1　同时参考吴银铃博士的《独克宗：寻找古城失落的历史》。

树木也因大火严重碳化无法恢复。

庆幸的是，在政府与民间的密切合作下，独克宗经过两年重建，已于2016年元旦重新开放。虽然火灾对独克宗古城的破坏一直影响至今，但旅游业正在缓慢恢复。当地政府和商界格外珍惜来之不易的香格里拉品牌，不会轻言放弃。

中甸更名不容易。连当年的推手自己都承认，在康巴地区，中甸资源并不突出。然而，他们洞悉更名可能给中甸带来的价值，将其视作千载难逢的发展机遇，全力以赴，志在必得。多年后陆续披露的回忆文字，依然流露出当年的曲折和辛劳，更有成功之后的自豪、侥幸和得意，还有令人忍俊不禁的黑色幽默。

有这样一个故事。为了能将香格里拉就在中甸的故事说圆，官员们曾动员社会各方献计献策，有人提出一个石破天惊的设想：

第二次世界大战期间，美军飞行员因飞机失事，跳伞飘落在中甸的一个山谷中。他们清醒后环顾四周，发现身处一个被雪山环绕的峡谷中，眼前芳草萋萋，百花争艳，安宁如创世之初，奇异而且美妙的自然景色使飞行员完全忘记了刚刚从死神手中挣脱的惊恐，脱口说出这真是世界上独一无二的地方。"二战"结束后，"香格里拉"一词便不胫而走。

当然这个大胆的创想很快就被否定了，因为早在美方飞机坠毁十年前，《消失的地平线》就已经出版。不过，中甸人民在"二战"期间救助驼峰航线美方失事人员的故事，要比上边的黑色幽默来得更加真实感人。1997年修编出版的《中甸县志》记载如下：

1942年1月18日，美国援华飞虎队一架军用飞机迫降坠毁于吉迪，机上4人（其中女一人），跳伞着陆。中甸县政府派吉迪把总杨世荣将人接至松赞林后送往丽江。

1945年2月13日（农历正月初一）拂晓，一架美国盟军飞机坠毁于丽江格子舍坐，机组5人（其中一名黑人）跳伞后分别降落于中甸金江车轴、士达。经两村人民抢救脱险，送往丽江白沙。

1942 年初，中国与美国政府开通中印空中航线，史称"驼峰航线"，以打破日军对中国的封锁。中甸正位于这条航线的北线。根据《驼峰航线》作者刘小童统计，在长达 3 年多的飞行中，美军共损失飞机 1500 架以上，牺牲优秀飞行员近 3000 人。

离开香格里拉市的那天上午，驱车沿 219 县道从吉迪村不远处路过，我不由得想起这个故事。当年，飞虎队的飞机于下午时分坠毁于白马雪山，飞行人员跳伞降落在吉迪村松坡林，路过此地的木鲁村六斤卓玛母女发现了跳伞的飞行员，并将此事上报。飞行员获救后，受到细心照顾，纯朴善良的藏民特意给他们做了红糖煮鸡蛋、酥油茶和青稞炒面。[1]

76 年过去，如果飞行员们依然健在，也已期颐之年。飞行员大哥哥，你们还记得那个跟在妈妈身边的腼腆的藏族小姑娘吗？

四

考察旅行的第二站是亚丁。车刚开动，李飞老师一边设置导航，一边念叨："今天，从香格里拉到香格里拉。"

是的，今天行程的起点和终点都叫香格里拉。起点香格里拉市，目的地是四川省稻城县的香格里拉镇，也就是亚丁自然保护区所在的中心镇。2001 年，国务院批准中甸县更名以后，在滇川藏交界地区掀起轩然大波，引起"众怒"。这其中最不服气的要数稻城县，因为稻城的亚丁正是美国人洛克 1928 年两次造访并留下详细图文记录的地方——这些记录一直被认为是《消失的地平线》创作的灵感来源。

在国务院批准同意中甸县更名为香格里拉县的 1 个月后，亚丁自然保护区所在的日瓦乡宣布更名为香格里拉乡（2009 年撤乡并镇）。

第一次听说亚丁是在香格里拉市，同行的中国科学院遥感所李佐教授告诉我说，稻城的亚丁也说自己是香格里拉，那里更美。从那以后，我一

旅游『金三角』首选稻城香

1　关于美军飞行员 1942 年在中甸获救过程有多个版本，本文此处引用的是格咱乡农布乡长接受记者采访时的讲话。

直期望能够去亚丁看看，只是慑于高原反应一直没有成行。

由香格里拉市到香格里拉镇有两条路线可以选择，一条沿214国道，从德钦县奔子栏转上041县道，经德荣到亚丁，这条路距离远，但路况较好；另一条沿219县道，经大小雪山、亚亚路（乡城县青麦乡亚金村——稻城县亚丁）到亚丁，全程310公里。

我们选择了途经大小雪山的路线。出乎预料的是，途经大小雪山的70多公里路段竟用了4个小时，这段路因此被老司机称作"弹坑路"。行驶在崎岖狭窄坑坑洼洼的山路上，不由感叹当年红军翻越大小雪山的艰苦。1936年5月，中国工农红军第六军团8000名将士在军团长萧克、政委王震率领下从中甸建塘镇出发，经中甸县格咱乡，翻越大小雪山进入四川乡城县。我们选择的路线就是当年红六军团走过的路线。

本来选择翻越大小雪山线路就是要一睹雪山的盛景，可惜此时的大小雪山已经没有积雪，映入眼帘的是现代冰川消融后留下的裸露岩壁和残破山体。近几十年来全球性气候变暖导致众多高山的雪线上升，冰川退缩甚至消融；横断山区的梅里、玉龙、贡嘎雪山也遭此厄运。望着眼前的景象，我们有几分失落怅然。

然而，当驶出大小雪山进入四川乡城县然乌乡，山谷中的景色却令我为之一振。绿色的青稞田里，生长出白墙绛顶的白藏房群落，沿山谷向远方伸展，真像一幅长长的山水画卷。

白藏房是乡城县独有的民居形式，它让我想起了家乡的徽派建筑。

一路走来，沿途可见修路的工程机械。根据云南迪庆州规划，我们刚刚经过的这条路将很快进行改扩建。它由虎跳峡出发，一路向北纵贯香格里拉市到达大雪山垭口。与此同时，四川乡城县然乌乡至大雪山垭口路段的改扩建工程也迎头并进，两条道路将在大雪山垭口滇川边界处汇合。据媒体介绍，它们是大香格里拉环线的一部分。未来由香格里拉市到亚丁和乡城的旅行将更加便捷，大小雪山的"弹坑路"将很快成为历史。[1]

1　根据《S209线迪庆州香格里拉市军马场至大雪山垭口公路环境影响报告书》，以及相关报道。

旅游『金三角』首选稻芒香

横断山区山岭褶皱紧密，断层成束，山高谷深，筑路困难重重；更何况这里高寒缺氧，对施工作业者构成极大的挑战。历史上，滇藏交界区域只有马帮驮队走出的羊肠小道，新中国成立后陆续修建公路，但限于经济和技术条件，道路等级不高。随着大香格里拉旅游区域建设，道路升级改造正在这一区域全面展开。就在驾车驶出乡城县亚金村不久，一条黝黑的沥青混凝土道路出现在右前方。这是2017年开通的亚亚路（亚金村—亚丁）。它止于稻城县木拉乡赤土村，全长72公里，自西向东串联起省道217、216线。

这条道路沿山谷蜿蜒穿行，翻越众多山坡丘陵，全线海拔高于3000米的路段占86%以上。它不仅是一条山区公路，更是一条风景廊道和旅游路线。旅行者途中可参观高原湿地和牦牛牧场，观赏沿路景观；在七彩林、日照神山、白藏房等观景平台赏景休息。这些景点均免费开放，清晰的景点标识让人感觉到高原人民的好客与温暖。

对于刚刚走出大小雪山"弹坑路"的我们，行驶在这条顺畅的风景廊道上，心情格外舒畅。我们尤其感慨于亚亚路所展现出的，地方政府和建设者们高度的生态和文化自觉，以及前瞻的旅游发展意识。

应该说，亚亚路和正在建设的大雪山公路与香格里拉更名不无关系。更名再次唤起世界对于滇川藏交界地区的关注，进而刺激了这一地区旅游业的发育、竞争和成长。近年来，这一地区道路交通设施和旅游吸引物的建设完善，正是上述地区旅游业逐步走向成熟的具体表现。

其实早在19世纪中期，就有欧美人士先后进入偏远闭塞的川滇藏交界区域从事考察、探险、传教等活动，并写下游记或学术报告。随着20世纪80年代中国旅游业的兴起，这些文献被人们挖掘，包括美国探险家洛克的游记。

在苏州大学高山教授随身携带的书籍中，就有一本近年出版的洛克发表在美国《国家地理》杂志上的文章结集——《发现梦中的香格里拉》，其中详细记述了他在亚丁的探险经历。

旅游「金三角」首选稻城亚丁

将近一个世纪过去，不知道令洛克啧啧称赞的亚丁冲古草甸上那条"欢腾"的小溪是否依然冷杉环抱？"举世无双"的央迈勇峰是否还是那样卓然神奇？

五

在香格里拉地位的争辩中，一个经常被提及的人物正是洛克。流行观点认为，是洛克的滇川藏游记激发了詹姆斯·希尔顿的香格里拉创作灵感。尽管上述说法从未得到证明，但在滇川藏交界的若干地方，确能依稀察觉书中描述的典型场景。这其中，亚丁的仙乃日、央迈勇、夏诺多吉三座雪山和冲古寺前的冰川 U 形山谷，是与书中香格里拉寺庙及其环境相似度最高的所在之一。

约瑟夫·洛克（Joseph Charles Francis Rock, 1884—1962），美籍奥地利人，曾以美国农业部专员、美国《国家地理》杂志撰稿人和摄影师身份先后 6 次来华。1922 ～ 1949 年，在中国停留时间长达 27 年，旅行足迹遍及滇川藏青一带。

在木里土司的帮助下，洛克于 1928 年 6 月和 8 月两次进入遐荒的亚丁，用文字和图片详细记述了当时的考察经历。洛克之前的西方探险者并未走入亚丁地区。那里当时被土匪占据，处于与世隔绝的无政府状态。[1]

90 年过去，亚丁的冰川峡谷中，紫蓝色的小叶杜鹃守得静寂，花开花落；当年洛克一行跋涉的山隘河谷如今已成为游览胜地，令旅行者蜂拥而至。中外探险者争相踏上由木里向西，穿越水洛河进入亚丁的"洛克小道"，甚至不惜付出生命的代价。

更多的旅行者则选择乘车进入亚丁自然保护区。他们在扎灌崩下车后徒步到达冲古寺。在那里，两条小路将游客带往三座雪山的山脚下：一条西行去往仙乃日山脚下的卓玛拉措湖；另一条从冲古寺继续南行，沿仙乃

旅游『金三角』首选稻芒香

---

1 《发现梦中的香格里拉》。

日东侧的冰川 U 形山谷，到达位于三座雪山中心地带的洛绒牛场。当年，洛克两次进入亚丁均沿这条山谷穿行于三座雪山之间，并在冲古寺和洛绒牛场扎营。

细雨蒙蒙中，我们走近卓玛拉措湖边的仙乃日雪峰。

仙乃日海拔 6032 米，与海拔 4080 米的卓玛拉措湖形成近 2000 米的高差，山体中下部因冰川流水下切，形成典型的高山峡谷地貌。站在卓玛拉措湖畔，数百米开外，庞大的积雪山体陡然耸立，在烟雨中时隐时现，带着令人心悸的压迫感扑面而来。

这是我第一次如此贴近地观察极高山。

依据《中国国家地理》杂志所给出的定义，极高山是指海拔 5000 米以上，相对高度大于 1500 米，有着雪线和雪峰的大山。2005 年，由《中国国家地理》主办、全国 34 家媒体协办的"中国最美的地方"评选活动，亚丁三座雪山被列入"中国最美的十大名山"之列。

值得注意的是，这次十大名山评选颠覆了传统欣赏旨趣，将游离于主流文化之外的极高山推入大众视野，包括西藏南迦巴瓦峰、四川贡嘎山、西藏珠穆朗玛峰、云南梅里雪山、稻城三神山、新疆乔戈里峰、西藏冈仁波齐峰。传统名山只有山东泰山、四川峨眉山和安徽黄山入选。

某种意义上，这预示着主流审美取向的演进。

长久以来，中国主流文化偏爱东部温润灵秀的中低山峦。在浩瀚的中国诗文和绘画中，很难找出对于极高山的咏叹和描绘。李忠东、谭祎波曾用细腻的笔触描述古人对于极高山的无视：

即使倚剑行天下的李白也只是穿梭于洛阳与四川之间，他从来没有将视线和脚步投向比他的家乡更西的地方。就在距江油 100 公里的西侧就是我国最靠近东部的一座永久性雪山岷山山脉主峰——雪宝顶。杜甫在成都住了 6 年，但也仅向西投去一瞥，留下"窗含西岭千秋雪，门泊东吴万里船"的诗句。苏东坡出生的眉山距离横断山主峰贡嘎山的直线距离也不过 100 来公里，但这位最富才华的文人的诗词中却从未提及过这座山的名字。

两位作者对于唐代翻译家玄奘西行游历的描写尤为幽默：

在印度沿着喜马拉雅山山脉的南坡一路西行，那一系列 8000 米以上的高峰一定进入他的视线。但在他的《大唐西域记》中却很少看到他对雪山哪怕是敬畏性的描写，他把更多的目光都投向了异域风情和奇闻逸事，以致后来根据《大唐西域记》所写的《西游记》中描写的各式各样的洞妖山怪中，唯独没有居住在雪山的妖怪。[1]

不过，在古人描述极高山的文章里，我还是发现了明代旅行家徐霞客笔下的玉龙雪山。徐霞客 1639 年造访丽江和鸡足山时，曾留下"见玉龙独挂山前，荡漾众壑，领挈诸胜"的词语，以及"北辰咫尺玉龙眠，粉碎虚空雪万年"的诗句，称誉玉龙雪山的陡峻和高寒。

当然，徐霞客也仅限于发思山之幽情。在他客居丽江的 16 天里，大部分时间借住芝山福国寺内。这里距离玉龙雪山仅 10 千米，但他从未靠近这座雪山，只是"从楼北眺雪山"，发出"雪幕其顶，云气郁勃，未睹晶莹"的感慨而已。

相比之下，西方人却对雄踞在青藏高原的极高山脉极感兴趣。19 世纪以来，西方探险家、植物学家和传教士纷纷涌入青藏高原及其东南缘的康巴地区，走进那些中国传统文化视野之外的终年积雪的高山大川。在那里，他们用沸点温度计、无液气压计和棱镜罗盘测定高程和山体，用相机和文字记录下新发现的雪山和动植物标本，这其中就有洛克对亚丁三座雪山的记录文字和图片。亚丁游记刊载于 1931 年的美国《国家地理》杂志。

也许，正是这些旅行报告引起英国青年詹姆斯·希尔顿的注意。

1932 年与 1933 年相交的冬天，英伦三岛格外寒冷，从美国扩散而来的金融风暴席卷英国。整个冬天，詹姆斯·希尔顿都待在大英图书馆里，涉猎西方探险家的西藏游记和报告，为《消失的地平线》积累创作素材。从 3 月开始，他用 6 个星期一鼓作气完成小说《蓝月亮》，这就是后来引

---

1 极高山的原创者，当属中国国家地理杂志执行总编单之蔷先生，以上两段引述部分也是基于单之蔷文改写。

旅游『金三角』首选稻芒香

起轰动的《消失的地平线》。[1] 书中对香格里拉的描摹，将非主流的极高山带进山岳文化的聚光灯下。

中西方在山岳审美观上的差异起源于不同的文化传统和民族性格。

在古代中国，中原文化是中华文化的母体和主干，它以黄河中下游地区为腹地。中原地区没有极高山，因此进入主流的山岳审美视野限于中原和东部的中低山。

当然，古人不爱极高山也可能与地理环境相关，毕竟山水的宜人程度普遍影响着人们的审美感受和态度，加上农耕文明孕育出的民族性格倾向于保守和封闭，这一切也使得中原华夏民族没有机会走近极高山。

我突然想，如果古人拥有今天的交通条件和户外装备，他们中的一些人会不会走进今天的川西、滇西北或西藏境内，去认识极高山呢？

吴海庆教授说，"自然山水作为独立的审美对象在构建中国审美文化中发挥作用，是以江南山水之美的发现为开端的"。晋末永嘉之乱后，中原士族衣冠南渡。江南山水以异质的风韵呈现在北来的文士面前，"以陌生化的效果对其形成强烈的审美冲击"。[2]

此时此刻，至少对于我们这些 21 世纪"北来的文士"，仙乃日雪峰的山形、线条和色彩给予我们的审美冲击是威严和震撼的：雪峰勾勒出的天际轮廓线尖锐硬朗，巨大山体前兀立的金字塔形山峰云雾缭绕，这是专家所指的"角峰"。

地理学家说，川西的雪峰是冰川塑造的，而东部的山是河流塑造的。刚硬的冰川在缓慢流动中产生强大的刨蚀和掘蚀作用，将山塑造成各种冰蚀地貌，如冰斗、刃脊、角峰。

站在仙乃日雪峰前，李飞（博士）说，每次进藏看到终年积雪的极高山，都想跪在大山的面前。李飞是资深驴友，已经四次驾车进入西藏，也游遍了东部的高山名川。他对极高山的敬畏之情也是我们团队所有成员的共同心声。

1　*Lost Horizon Companion*.
2　吴海庆：《山水审美：启蒙与终极关怀的主题变奏》。

的确，此刻仙乃日雪峰所带来的心灵震撼是以往在内地旅行时从未体验过的。而当我们走进位于三座雪山中间的洛绒牛场，这种感受尤为强烈。

仙乃日、央迈勇、夏诺多吉三座雪山藏语称"念青贡嘎日松贡布"，意为终年积雪不化的三座护法神山圣地。藏传佛教中称其为"三怙主雪山"，是藏民心中的神圣之地。它们的海拔高度分别为 6032 米、5958 米、5958 米，南北向分布，呈品字形排列，直线距离为 4.4 ～ 6.8 千米。如此紧邻的空间内耸立着三座极高雪山，中间是一片宽阔的高寒草甸，一条弯曲的小路在葱郁的草甸湿地中央向前延伸，深入品字形排列的山峰中间，这就是洛绒牛场。

在这里，我们得以在极高山的山脚下，如此贴近地感受谷岭高差高达 2000 米的雪山冰川的宏大气魄，享受极为难得的旅行经历。

洛绒牛场草甸尽头是央迈勇雪峰。1928 年 8 月，洛克第二次进入亚丁三座雪山时，从冲古寺沿古冰川 U 形山谷到达洛绒牛场。在这里，他以营地帐篷为前景拍下了一张央迈勇的照片。2001 年，在国家级自然保护区的评审会上，正是这张照片征服了所有评委，使亚丁以全票通过评审。这张照片证明，今天的亚丁仍然保持着 73 年前的原始生态。

令人惊喜的是，我以草甸尽头的央迈勇为背景无意识拍摄的影像，竟与洛克的照片高度重合。照片近景处，芳草萋萋，溪水潺潺，鲜花簇簇，感觉刹那间融入一处静谧、安详的世外桃源。照片远景处，央迈勇在云雾中时隐时现，宏伟的山体上，白色的冰雪和黑色的岩石形成鲜明的反差。

令人遗憾的是，央迈勇的主峰被云层遮盖，我们只能想象它直插云霄的气势。然而主峰周围的数十座千姿百态的角峰却隐约可见，还有被称作"刀脊"的雪峰山脊。雪线下，冰川一直插入山脚下的海子或原始森林中，仿佛触手可及。

亚丁的三座雪山最令我难忘的还是终年不化的皑皑白雪。

随着全球气候变暖，下雪天数越来越少，雪花早已成为稀缺的资源。站在雪山脚下仰望缠绕在雪线以上的白雪，我想起多雪的童年。

旅游『金三角』首选稻芒香

那时的冬天总是大雪纷飞；一觉醒来，窗外雪花飞舞，门前积雪堆到门槛，房檐结着长长冰凌。

那时的冬天格外寒冷，但也有相伴而至的冰雪欢乐：童伴们用火烤竹子制作雪橇，在池塘的冰面上溜冰，到城外的田野上寻找坡地滑雪。

我还记得每到下雪的时候，母亲总喜欢对我说，雪天寒冷对人体是一种有益的刺激。人，是需要经历四季的。

如今母亲已经离开我们几年了，我特别盼望下雪的日子。纷飞的大雪中，母亲就会笑吟吟地向我走来，一如当年。

旅游「金三角」

首选稻芒香

写在云端的生命史诗

　　离开亚丁，就结束了我们在香格里拉市和亚丁的考察，前往"稻芒香'金三角'之旅"的最后一站——西藏芒康县。

　　途中住乡城一宿，县政府所在地桑披镇已更名为香巴拉镇，联想起邻近的木里县的宣传语是"香格里拉之源"，看来，凡洛克在滇川交界的足迹所到之处，均争相祭起香格里拉的大旗。

　　抛开香格里拉争议，这一地名的品牌塑造，与其说是营销技术成功，不如说是历史演进的必然。伴随中国向后工业社会过渡，公民文化和价值观经历急速的变迁。在这一过程中，探索未知的荒野正成为新生代不竭的旅行动力，对原真性自然的敬畏已超越对它的玩赏，中国文化语境中曾经消极的极高山峰、峡谷冰川、草甸湿地、荒漠枯林，正萌发积极的审美内涵，并引领新一代的旅行和度假时尚，而香格里拉的品牌内涵恰好迎合了这一文化转型。

　　正因如此，我们对即将踏上的滇藏公路214国道充满期待。它沿澜沧江和金沙江河谷，穿越横断山区和三江并流的核心地段；它楔入百丈峭壁，盘旋在云端，与千年古道相交。

　　行驶在滇藏公路，将是一次艰难的跋涉，也是一场心灵的旅行。

　　一

　　我们从德钦县奔子栏驶上滇藏公路，这里是茶马古道上的古渡口。前一晚投宿江边一座温馨的客栈——"藏地印象"。夜间醒来，金沙江激流的咆哮声不绝于耳，野趣盎然。

滇藏公路从奔子栏一路向西，过德钦县城后逐渐向澜沧江靠拢。行驶到飞来寺观景台，眼前出现一条南北走向、呈锯齿状的巨大山系，横亘在澜沧江西岸。这就是被习惯称为"梅里雪山"的怒江山脉中段，它由梅里雪山和紧邻的太子雪山组成。

正对观景台的是太子雪山的主峰，藏语将太子雪山诸峰统称为"卡瓦格博"，现在人们习惯用"卡瓦格博"指称太子雪山的最高峰。

与亚丁的三座雪山一样，卡瓦格博也是极高山，呈现典型的海洋性冰川地貌。它海拔 6740 米，尖锐的角峰和刀削斧劈般的刃脊，不时透过缭绕的云雾偶露峥嵘，更显奇幻神秘。

卡瓦格博也是藏传佛教的四大神山之一。1997 年，从德钦县城到明永村的简易公路修通后，游客蜂拥而至。经过 20 年的发展，世居于此的村民从旅游业中获得了可观的经济收益。

然而，直到 20 世纪 90 年代初，梅里雪山仍然鲜为人知。高耸入云的卡瓦格博俨然耸立，默默注视着山脚下祥和的藏寨田畴，直到 1991 年的那次登山灾难打破这座神山的亘古宁静。

1990 年 12 月 1 日，中日联合梅里雪山登山队在笑农牧场建设大本营，由此揭开卡瓦格博攀登的序幕。12 月 28 日，17 名队员开始向卡瓦格博的顶峰冲刺。5 名队员在距山顶 270 米时突遇暴风雪，匆匆下撤至海拔 5100 米的 3 号营地。17 名队员在大雪纷飞中度过他们生命中的最后一个元旦。

1991 年 1 月 3 日晚 10 时，大本营与 3 号营地通话后，联系中断。成都军区派出的搜寻侦察飞机在 3 号营地附近的山脊发现流雪滑痕。1 月 25 日，中国登山协会宣布登山队员已无生还可能，搜索队员从大本营撤出。1998 年 7 月 18 日，在山难发生 7 年后，遇难者的遗体被流动的冰川推出，魂归故里。

有人说，这是人类登山史上的第二大山难。其实，2003 年格重康峰山难（Gyachung Kang，18 人遇难）和 2015 年珠峰山难（19 人遇难）早已将卡瓦博格山难人数推到第四位。登山运动发展两百多年以来，山难始终与这项冒险家的运动如影随形。

然而，山难却没有阻拦住登山爱好者攀登的脚步。

登山运动于18世纪80年代在阿尔卑斯山地区兴起。至19世纪60年代，阿尔卑斯山脉海拔3000米以上的所有山峰均被登顶。此后，登山区域从阿尔卑斯低山区转向喜马拉雅高山区。1950～1964年，世界14座8000米以上雪峰顶上都已留下登山运动员的脚印。

1964年后，登山运动进入开辟新路线攀登7000米以上高峰的新时期。1978年，在喜马拉雅山区首次出现不用氧气登上高峰的阿尔卑斯式登山（阿式登山）。

就在卡瓦格博所在的康巴地区，中外登山者们攀登上一处又一处极高山的顶峰，贡嘎山和四姑娘山已经成为国际登山者仰慕的登山基地。

遗憾的是，登山者们却没有机会再次攀登卡瓦格博雪山了。2001年，德钦县人大决议，禁止攀登卡瓦格博，这座云南的最高雪山从此对登山者关闭。[1]

长期以来，卡瓦格博山难一直是敏感的话题，相关影视记录直到近年才予以公布。卡瓦格博是藏区拥有较高知名度的神山，当地藏族居民将其视为护佑世代平安的神山圣迹，崇拜和保护之情殷殷。在以往登山过程中，当地居民与登山者的冲突频现。可以想象，如果再次登顶，当地政府为此支付的政治和治理成本将高到难以承受。

飞来寺观景台上，一张绛红色的公示牌面对卡瓦格博安然伫立。公示牌上，由汉、英、藏三种文字书写的《梅里雪山公约》，凝聚了政府、民间组织和企业的反思、共识和约定：

不踩踏、不攀爬冰川；不攀登梅里圣峰。

1991年山难后的20年里，梅里雪山一直平静如水，直到2011年1月，

1　没有查到准确的文件来源，流行的说法是地方人大决议禁止攀登梅里雪山。另外，也无法确定是永久禁止还是暂时禁止。

一个不幸的消息再次打破卡瓦格博的安谧：独行侠探险家高家虎独自攀登梅里雪山，经多方搜寻营救仍杳无踪影。

不知道高家虎是否特意选择了这个日子，在卡瓦格博山难20周年之际，明知前方高寒缺氧、山脊陡峭、冰川凌厉，仍以简陋装备和孱弱之体，孤身一人悄悄地向卡瓦格博进发。

为这次攀登，高家虎独自准备了7年，挥镐尝试了6条登山道路。

他不是不知道雪山的威力。2005年出版的《我定成为峰》一书中，他写道："雪山太强大了，强大得必须抬起头仰视它。在这种仰视中，我发现，我有必要爬上它的顶峰，就是那个6740米的不足60平方米的雪包上。我想亲自看看，这个由岩石和固态水组成的冰雪世界到底有没有神仙居住！"

高家虎可能没有上到这个雪包就倒在雪山上，成为卡瓦格博雪山上第18位殉难者。他踽踽独行的身影内，是一颗不甘放弃的心灵。

也许，一个局外人永远无法理解登山者的冒险、坚持与孤独。1923年3月，纽约，一位记者就带着这样的疑惑，向即将第三次尝试登顶珠穆朗玛峰的英国登山家马洛里（George Leigh Mallory）发问："你为什么要去攀登埃弗勒斯峰（珠穆朗玛峰）呢？"

马洛里回答："因为它在那里（Because it's there）。"

马洛里的身影最后一次出现，是在1924年6月8日午后，接近珠穆朗玛峰顶8680米处天际线边。在他身后，这句话成为登山界的格言，激励一代又一代登山者，去攀登崎岖的山路，去跨越更高的叠嶂，去征服难以抵达的峰巅；任凭雪崩压顶，冰缝狰狞，积雪万年。

2015年初，一条消息在登山界不胫而走。这一年2月，英国人Bruce Normand和Marcos Costa采用小团轻装快速的阿式登山，首攀太子雪山的粗归腊卡峰（Cogar Lakpa），并在海拔6516米的顶峰安置标记。

严格地讲，卡瓦格博在藏语中是指太子雪山的诸多山峰，而不是其中一座。如此看来，他们难道登上卡瓦格博了？

目前为止，这条消息并未得到验证，但也未见官方否定。消息刊载于《户外 Adventure》2017 第 2 期第 22-37 页，图文并茂，言之凿凿。

幸运的是，"神仙"这次没有发怒，澜沧江从卡瓦格博雪山下奔腾而过，直下南海，不舍昼夜。

有兴趣检索了一下 Bruce Normand。他是一位物理学教授，专业为凝聚态物理学，也是一位蜚声全球的阿式登山家。2010 年来到中国，曾任中国人民大学教授。中国科学院物理研究所官方网站有关他的最新消息是在 2017 年，他作为瑞士保罗谢尔研究所（Paul Scherrer Institute）的研究人员与中国科学院物理研究所合作，课题是：量子蒙特卡洛模拟探测希格斯振幅模。

理解这个标题的难度恐怕也不亚于攀登卡瓦格博。

从飞来寺继续向西藏行驶，卡瓦格博一路伴随我们直奔滇藏边境。澜沧江西岸，白色的明永冰川从卡瓦格博山体宣泄而下。面对雄伟的卡瓦格博，我在想，卡瓦格博山难的教训永远值得吸取——无论如何，登山的脚步不应踏破文化信仰的底线承受力，以及生态系统的环境承受力。

当然，我们也不妨以更大的包容胸襟，将登山及其衍生的户外活动转化为可能的经济和文化交流活动，以促成落后山区经济、生态和社会的多赢。

中国拥有世界上最优质的登山资源，无人攀登的岩壁之丰富令国际登山者垂涎——花岗岩岩壁、石灰岩岩壁、砂岩岩壁、大岩壁、运动攀线路、传统攀线路，各类山峰应有尽有。然而，国际登山者，甚至国内登山者却纷纷涌向尼泊尔和巴基斯坦。这对经济落后，可以借助户外运动和旅游业发展的极高山区是一个损失。其中的原因值得我们思索。

文章写到这里，欣闻中国登山队（西藏）于 2019 年 1 月宣布成立，这是由国家体委和地方共建的登山国家队。衷心希望我国登山运动早日跻身世界先进行列。到那时，登山运动将成为新生代成长中的一项不可或缺的成人典礼，而不仅仅是一项时尚标签。

旅游『金三角』首选稻芒香

二

从飞来寺登车向西藏进发时，竟有几分仪式感在心中油然而生。

滇藏公路从丽江到德钦路段是由东南向西北切入横断山核心区域。而从飞来寺起，公路就平行于横断山脉，沿澜沧江由南向北延伸，并在110公路处进入西藏芒康地界。就是从这里，我们进入了世界遗产地——三江并流区域。

向东拐过一个大湾，滇藏公路在卡瓦格博的明永冰川东侧与澜沧江平行，接近溜桶江村时与澜沧江紧密相连。汽车在蜿蜒的山路上盘旋，汹涌的澜沧江在山间流淌；山谷中不时可见白墙黑顶的藏族房屋散落其间。

横断山位于青藏高原东南部，为川滇两省西部和藏东之间的一个南北走向山脉群的总称，因横断东西间交通而得名。数千万年前，印度次大陆板块与欧亚大陆板块大碰撞，引发了横断山脉的急剧挤压、隆升、切割，由此形成地球上压得最紧、挤得最窄的巨型复合造山带。

与此同时，发源于青藏高原的金沙江、澜沧江、怒江一路狂奔来到云南后，一头扎进横断山脉的高山纵谷。三条大江在云南境内悄然同行，相依相傍，直线距离不到80千米，默默流淌千万年。

来到横断山和三江并流区域，才知道什么是高山。这里的谷岭高差达2500～3000米，行驶在悬崖峭壁和山峡谷底，才能真正抵近观察山之雄浑，水之湍急。

三江并流的发现者为英国植物标本采集人金敦·沃德（F. Kingdon Ward）。1913年，金敦·沃德来到川滇藏接壤的横断山区。他穿梭于金沙江、澜沧江和怒江的三江流域，对河流归属、水系发育和地质、地貌进行了考察，从而发现了这一区段三条巨川平行并流的世界地理地质奇观。[1]

2003年，三江并流自然景观被列入联合国教科文组织的《世界遗产名

1　金敦·沃德：《神秘的滇藏河流》。

录》，联合国教科文组织的技术评估报告认为：

与其他五项同处喜马拉雅山地区的世界遗产地相比，"三江并流"拥有更高的生物／地质多样性水平，以及四条大河平行的地理特征；虽然区域内的山峰并非最高，但坐落着118座海拔超过5000米的山峰，17000平方公里的范围也远大于其他山地型生物群落遗址的中位数（2850平方公里）。[1]

毫无疑问，横断山与三江并流构成的陡峭峡谷是这一世界遗产最具吸引力的所在。联合国教科文组织的技术评估报告显示，举世闻名的美国科罗拉多大峡谷的最窄处谷岭高差为1400米，而三江并流区域的两处则为3000米和2500米，且规模更为宏大。尽管排在前位的还有喜马拉雅大峡谷和尼泊尔的大峡谷，但三江并流的两处峡谷是可进入性最好的山峡。

正因如此，每年由滇藏公路入藏的户外运动者和旅行者络绎不绝。在由云南中甸至西藏芒康的路途上，滇藏公路时而悬挂山腰云层，时而直降山峡谷底，有时还跃上山巅，俯视细长的澜沧江蜿蜒流淌。行驶在滇藏公路上，身背硕大旅行包的骑行者和步行者的身影不时从车窗闪过，使人不由心生敬佩。他们孑然一身的身影出现在荒凉的峡谷中，映衬出横断山脉的社会演变图景。

横断山和三江并流区域曾经是中国历史上最为贫瘠和落后的地区。欧洲探险者沃德、洛克和顾彼得（Peter Goullart）等的书中记载，直到新中国成立前，这一地区的绝大多数民族仍处于原始社会、奴隶社会或封建领主制社会形态，经济社会发展落后——遍地的眼疾患者、无处不在的跳神驱鬼、整日充满浓烟的简易窝棚；脖子上悬荡着甲状腺肿块的村民，一件羊皮度夏冬。[2]

如今，这里的变化翻天覆地，沧海桑田。

地处三江并流核心区域的德钦县政府文告显示，2017年，30万户外

1　技术报告中所提"四条大河"将独龙江包括在内。
2　沃德：《神秘的滇藏河流》；顾彼得：《被遗忘的王国》；洛克：《发现梦中的香格里拉》。

运动者和旅行者造访梅里雪山，为梅里雪山下的明永、斯农、西当等村落带来可观的经济收入，太阳能热水器和 4G 网络早已进入藏族村寨。

当然，旅游业也同时带来新的生活垃圾和对冰川的负面影响。

保护和开发的矛盾在旅游业中始终是一种显性存在。一方面是亟待旅游业脱贫致富的峡谷村寨，另一方面是可能导致的生态破坏。

与其他世界自然遗产地不同，横断山区的三江并流区域居住着 30 多万居民，多数为藏、傈僳、普米、独龙等少数民族，其中核心保护区内有 15000 人。发展依然是这一地区的首要任务。被列入世界遗产名录后，发展与保护更构成突出的矛盾。

联合国教科文组织的技术评估认为，三江并流区域内的居民活动总体上属于生存性活动，对自然环境影响尚不剧烈。

为保持旅游业的可持续发展，今天梅里雪山游览形式只限于滇藏公路边飞来寺观景台。旅行者可以远眺雪山，或进入山脚下的村寨，沿栈道行进至明永冰川的尾部观赏。

在大环保理念为主旋律的时代，强调对生态的利用和发展，显然不合时宜。然而，横断山区积贫积弱，太需要发展了。如果旅游水利开发所造成的生态扰动在可控的范围内，还是应该对开发抱有更多的宽容。

无论如何，横断山和三江并流区域的社会进化已成趋势。已经公布的消息说，滇藏铁路前期工作正在加快，铁路从中甸进入三江并流区域指日可待。随着现代铁路的开通，可以预计，更大的人流、信息流、资金流将涌入横断山区，并将极大地促进当地的经济社会发展。我相信，横断山和三江并流区域的自然和人文生态不会因为这条道路而遭到破坏。相反，它将为曾经落后的深山峡谷内的碎片社区带来现代文明和现代的生活条件。与此同时，当地的生态也将获得更为可靠的保护，文化也将在传承的基础上向更高的文明演进。

三

由德钦到西藏芒康县盐井，滇藏公路在德钦县翻越芒康山——云岭一脉后，就进入坡陡谷深的峡谷，与澜沧江并排而行。道路盘旋于千尺深谷，澜沧江畔的小村恬静而悠远。

这段线路是滇藏公路中地质条件最差的路段。公路沿线地质多属石灰岩，海拔 3000 米以下的沿江地带又多存风化砂岩，土壤结构属远年江流冲积层，缺少森林和溪流，少黏土；山势悬陡，以致在筑路过程中常发生滑塌崩坍现象，至今交通也时常因落石和滑坡而中断。

"横断山，路难行，天如火，水似银。"这段歌词在 1965 年出演的大型音乐套曲《长征组歌》中，被雄浑而舒缓的男声部唱出，让我第一次记住了横断山这个名字，连同它的艰难险阻。

1950 年，刚刚从战火走出的中华人民共和国开始修建第一条进藏公路——康藏公路，起点四川雅安，终点拉萨。其后，川藏北线和南线、青藏公路、新藏公路、滇藏公路相继建成。这五条国家公路修建在地球最高的高原，翻越重重高山大河，穿过广袤冻土荒原。筑路大军在高寒缺氧的荒野艰苦作业，修建起一条条举世罕见的"天路"。[1]

滇藏公路西藏至云南段是五条进藏国道中最后完成的路段。在这条国道两旁荒芜的峰峦和深深的峡谷中，有无数条古道静静地安睡在那里，历经千年风霜。行驶在滇藏公路，如果稍加留意你能看到，澜沧江两侧山腰或河谷岸边，土黄色的纤纤小路蜿蜒起伏。

这些就是闻名遐迩的滇藏茶马古道。

茶马古道源于唐代甚至更早的历史时期，最初由人畜踩踏而成。在横断山区，万山千壑将村寨切割成为无数封闭的地理和人文单元，对外物资交换只能靠这些小道和骡马完成。西藏与内地开始茶马贸易后，一条贸易

1　星球研究所：《通往西藏之路，有多难？》。

通道由滇南的思茅出发，经丽江、中甸，沿金沙江、澜沧江或怒江进入西藏。在这一过程中，茶马古道勾连起横断山区和三江流域无数已存的易货通道，人类历史上最长的贸易通道系统由此形成。

在绵延数千千米的滇藏茶马古道上，最凶险的路段当数横断山区，长长的骡马队伍跋涉在崇山峻岭和急流险滩，在风霜雪雨中砥砺前行。

我们从德钦飞来寺北上路过的溜桶江村就是茶马古道的珍贵遗产。历史上，这个村靠编制竹篾溜索供给渡江的马帮以维持生计。直到 1946 年在此建起澜沧江迪庆段上的第一座人马吊桥之前，这根竹篾溜索就是"三江并流"地带进出西藏的唯一通道。

当年，马夫将绳索穿过竹筒，然后人畜溜索过江，湍急的澜沧江水不知吞没了多少人畜和货包。除骡马运输外，当时还有人力背夫。在另外一条茶马古道——川藏茶马古道上，有一条从雅安到康定的路线。因为道路崎岖，这一段全部由人力运输。曾经看过一张图片：长长的背夫队伍跋涉在崎岖的山路上。3 人站立休息，靠在身后的茶叶包高过人头。屈身前行的背夫背对镜头向远处走去，身体被茶叶包遮挡，只能看见茶叶包下露出的小腿。

他们背负着相当于两头骡子负重的百斤茶叶包，翻越二郎山，涉过大渡河；15 天中，一步一步走完将近 300 千米陡峭逶迤的山路，一路汗水，一路凄苦，一路风霜。

茶马古道在 20 世纪初逐渐萧条，直到抗日战争后期又突然繁荣起来。1942 年，日本切断了中国所有的对外运输通道，使大量的援华物资无法运进中国。此时，已经衰落的滇藏茶马古道成为中国与国际交流的唯一地面通道。许多国外援华物资，以及内地运往滇西前线的抗战物资，都是通过这条古道由马帮运送。当时在滇缅边境聚集 16 万军人，还有各种民间抗日组织，总数达 20 万人以上。这些人的给养和枪支弹药，绝大部分都是由滇西各族马帮经过横断山区的茶马古道运送。山高谷深，道路崎岖，有的地区甚至连骡马都不能通行，需人力挑运，其艰难程度可想而知。

旅游「金三角」首选 稻芒香

如今，在当年茶马古道攀缘纵横的地方，已经开辟出现代化的柏油公路。它与湮没的茶马古道并行，一同承载着横断山的苦难记忆和幸福向往；它给横断山区各族同胞带来新生活的希望，也把游客带入一段从未体验过的精彩路程。

其实，在横断山的上空，还有一条真正的天路。它与地面的茶马古道和滇藏公路一样名垂千古，这就是驼峰航线。

在日本全面封锁中国的对外通道后，为保证"二战"亚洲战场上对日作战的军备物资，中美两国决定联合开辟新的国际运输线。这条航线由印度东北的萨地亚、汀江出发，翻越喜马拉雅山南麓和横断山脉上空，到达昆明、宜宾、泸州、重庆等地。

迪庆藏族自治州上空，正是驼峰航线北线的主要航路空域。

当时，最先进飞机满载时的最大飞行高度也不过 6000 米，而航路所经过的横断山中段自北向南分布着 118 座海拔超过 5000 米的山峰，犬牙交错的山脉形成一道冲天屏障，将驼峰航线拦腰截断。

同样凶险的是横断山的气候：长达 5 个月的雨雾季节、强劲的升降气流、高空风；加之当时飞机性能和通讯导航技术限制，飞机损失率惊人。《驼峰航线》作者刘小童的调查显示，这是世界战争空运史上持续时间最长、条件最艰苦、付出代价最大的一次悲壮的空运，也是中美两国付出最大代价的一条航线，美军共损失飞机 1500 架以上，牺牲飞行员近 3000 人。单是拥有 629 架运输机的美军第十航空联队就损失了 563 架飞机。中国航空公司飞机损失率达 50%，牺牲飞行员 168 人。

那是怎样的一场悲壮飞行啊！

在长达 3 年多的艰苦飞行中，每天近 100 架飞机不分昼夜、换人不换机，冒着日本军机围追堵截的炮火，燕子衔泥飞蛾扑火似的穿梭于喜马拉雅山和横断山脉的上空，硬是把 80 万吨各类物资、3 万多名战斗人员运送到目的地。

每天都有飞机坠毁，少则几架，多则十几架。抗战结束的 70 多年来，

旅游『金三角』首选稻芒香

驼峰航线下陆续发现坠毁飞机的消息不断出现。

使用搜索键入"发现美军飞机残骸"后，浏览显示，1993～2017年发现军机残骸的时间和地点：

1993年，西藏波密；

1996年，广西兴安；

1996年，云南泸水；

1999年，湖南怀化；

1999年，西藏米林；

2001年，云南龙陵；

2001年，云南盈江；

2001年，四川大邑；

2005年，云南贡山；

2012年，四川万州；

2015年，四川高县；

2017年，四川青神。

1945年8月，第二次世界大战以最后一个轴心国——日本的彻底失败而告终，热爱自由和正义的反法西斯同盟国取得胜利，驼峰航线的历史使命也宣告终结。

1945年8月2日上午，600架印中联队和中国航空公司的飞机从印度的三个机场同时起飞，呼啸着从横断山脉上空掠过，飞向同一个目的地——昆明。驼峰航线上马达轰鸣，遮天蔽日。

和平终于到来，曾经引擎轰鸣的横断山谷恢复了平静。

汽车行驶在云雾缭绕的崖壁公路，逐渐接近西藏芒康的边界。回望来路上方阴郁的天空，我竟有几分不舍。

硝烟散尽，美国和中国飞行员都回家了，而那些消失在驼峰航线上的年轻的飞行员们在哪儿啊？

一位驼峰航线的老兵说，他们这会还在天上飞着，还没到昆明呢！

我相信，我相信他们仍然在横断山上空翱翔，俯瞰着这片和平降临的大地！我相信正义必胜，勇士不死！

我分明看见，他们英气逼人的青春形象，永远定格在青藏高原广袤的天穹！[1]

旅游『金三角』首选稻芒香

1　刘小童：《驼峰航线》。

这里山水相依红

2009 年夏季，国家文物局单霁翔局长接到一封来信，获悉即将兴建的古水电站将淹没西藏芒康县的盐井盐田。来信者是 87 岁的著名考古学家宿白先生。

来信呼吁："鉴于芒康盐井盐田在我国西南地区历史、文化、文物、景观、自然、民族、宗教等多方面的重要性，以及巨大的潜在遗产和文物价值，特别是它作为一部现存的活的历史，在当今世界各地极为罕见。因此，无论如何都应该负责任地把这处中华民族的珍贵遗产保护下来。"

多年后，单霁翔回忆这段往事时略带愧疚地说：作为国家文物局局长，我竟然是头次听说芒康盐井。

宿白先生对盐井盐田作为遗产和文物的价值评价，令我印象深刻。正是因为拥有这样的珍贵遗产，芒康县多年来一直努力探索利用盐井盐田发展旅游业的途径。然而，在滇藏公路进藏的路上，丽江、中甸、梅里雪山均为知名的旅游目的地，盐井能够竞争过它们吗？

带着几分期待和担忧，我们来到盐井。

旅游「金三角」首选稻芒香

尽管混迹于旅游行业近 30 年，我也是在领衔任务时第一次听说芒康盐井。

晚上在灯下翻开史料文献；窗外，澜沧江的涛声裹挟着历史的风尘扑面而来。

盐井是滇川藏交界区域的传统产盐重镇，是 214 国道由云南进入西藏的第一站，历史上曾先后隶属西藏和四川。

因为有盐，盐井成为地方势力的必争之地。明朝时期，纳西族首领木天王率军队武力夺取盐田，留守盐田的士卒世代相传，成为今天的制盐人。

也因为有盐，盐井成为茶马古道的重要驿站和不可替代的物资交换集散地，也是连通川滇藏各民族的文化走廊。这里曾会聚来自中甸、德钦、芒康、昌都、巴塘等地的马帮群；藏族的盐巴、羊毛、羊皮、绒毛、青稞，与汉族带来的茶叶、哈达、瓷碗、布匹、红糖、白砂糖、粉丝、大米在澜沧江畔交易；饭馆、裁缝铺、药铺、剃头店、银楼临街而设；五花八门的方言土音应和着阵阵涛声，不绝于耳。[1]

清朝末年至民国初年，为规范盐业管理曾短暂设立县治——盐井宗。20 世纪 60 年代，盐井并入宁静县，也就是今天的芒康。事实上，盐井县直到 1999 年才经民政部批复正式撤销。

如今，这一宏大历史叙事被浓缩于"中国茶马古道西藏盐井历史文化展览馆"中。走入这座隐没于横断山深处的展览馆，我不禁为陈展的内容和形式而惊叹。其实，盐井的文化基础不容小觑。在清代改土归流之始，盐井就开始兴办教育，建立了使用汉语官方标准语——"官话"教学的小学校。新中国成立后，盐井小学成立中学部，后改为盐井中学，官方文件说这是西藏目前唯一的乡级中学。

同样令人印象深刻的是展览馆藏书，如元代达仓宗巴·班觉仓布的《汉藏史集》，清代杜昌丁的《藏行纪程》，还有盐井最早的县志——清代刘赞廷的《盐井县志》。

一些有关西藏的档案和游记在此也能找到，包括：《西藏历史档案荟粹》（西藏自治区档案馆）、《川藏游踪汇编》（中央民族学院图书馆编）、《格萨尔王传：姜岭大战》。这里也收集了茶马古道的最初命名者之一，云南省社科院研究员李旭所作的《藏客——茶马古道马帮生涯》。

1　马丽华：《藏东红山脉》。

盐井的晒盐历史据说可追溯到唐朝。

洪荒时期，这一带地壳上升强烈，古老的海洋因地壳运动上升为陆地，形成含盐地层，经断裂带出露的温泉水溶解后，变成卤水源源不断喷涌而出；盐卤经日晒风干，产出盐巴。

由于古代制盐技术落后，交通不便，盐对人类尤为珍贵，外国亦然；这从"盐"的英文词源可见一斑。

英语单词 Salary（工资）来源于拉丁语 Salarium，本意是"士兵用来买盐的津贴"。由于盐巴是珍稀的调味品，所以罗马军队专门为士兵提供买盐津贴，并成为军饷的重要组成部分。今天，Salary 已引申为"工资收入"，这也可以解释为什么英文"Worth one's Salt"的意思是"称职"（配得上给他的盐）。

另一个跟盐有关的习语是 Above the Salt（坐在盐罐上首）。中世纪时只有领主贵宾才能享受紧挨盐罐而坐的优待，所以盐罐上方的座位是上座。自然，Below the Salt（坐在盐罐下方）就是下坐，也用来形容普通客人或地位较低者。不过"Rub Salt into the Wound"可以直译为"往伤口上撒盐"，人类的生理痛苦看来是一样的。

盐井历史文化展览馆位于澜沧江西岸的加达村。由驻地曲孜卡沿悬崖边狭窄的公路向南行驶，远远就能看到两岸陡峭的山崖上，密密麻麻树立着高脚木柱，支撑着紧密相连的一块块方形顶棚，近似侗族吊脚楼，顶棚上面就是晒盐的盐田，呈现绛红或红白相间的颜色，或者明亮的水色。盐田依山而建，绵延在 500 米长的河谷两岸，层层叠叠，最多达 10 多层。

这就是宿白先生称之为"活的历史"、完整保持着原始手工晒盐方式的盐井盐田。

盐田集中于芒康县盐井纳西民族乡的加达、上盐井、下盐井三个村落。村庄坐落在江边的阶地上，盐田搭建在村庄下的江边。一江之隔，江东岸的上下盐井晒出的是白盐，江西岸加达村晒出的是绛红色的盐。昌都地区文物局曾统计出盐井乡有 3249 块盐田。不过，盐田数量每年都会略有变化。

进入盐田下面，我们在昏暗、狭窄的木架中蜷缩前行。盐水从顶棚木板间的缝隙滴下，形成长短不等的结晶盐柱，如同晶莹的冰凌；用舌头舔一下，冰凉酣咸。

很遗憾，我们在这里没有看到汲卤、背卤、晒盐、刮盐的生产过程。这是因为时值雨季，日照不足，出盐极慢；也由于原始产盐方式衰落，偌大的盐田中看不到制盐人。

拂去岁月尘埃，旧时盐井人的生活场景清晰地浮现在眼前。

晨曦微露，身背木桶的纳西族、藏族妇女就来到江边的盐井，爬下陡峭的阶梯从深达几十米的盐井汲卤，然后将卤水背到自家的盐池中，分送到每一块盐田。木桶长约80厘米，直径为25厘米，背卤的妇女每天要背近百桶，少则三五十桶卤水，上上下下往返于数百米的陡坡。三个村庄的妇女不断重复着这项艰辛的劳作，从母亲传到女儿，从女儿再传到女儿；日复一日，年复一年。

盐民家的女儿盼着太阳好，这样清晨灌满盐田，第二天上午就能结晶出白色或桃红色的盐巴了。如果遇到夏季澜沧江水淹没井口，她们只能祈盼和苦等太阳出现。盐民从盐田主的手中租用盐田，盐产的2/3交给主人，另1/3的份额中还包括了纳税部分，最终所剩无几。盐井妇女代代踏着祖先的足迹，走在崎岖的小道上，创造着生命的奇迹，也留下珍贵的遗产。

盐井的历史，被诸多电视纪录片记载，包括《天上西藏》《察卡洛》《最后的盐道》《远方的家》《西藏诱惑》。但我更喜欢NHK和KBS拍摄的《茶马古道》，因为它关注的是人——历经苦难的盐井妇女。所以，当屏幕上出现标题"盐井盐·女儿辛"几个大字，一阵酸楚直冲心底。

如今，卤水用水泵抽取，盐井妇女再也不用像以前那样辛苦背运；汽车开进村里收盐，也不再需要马帮。山腰上逶迤纵横的古道慢慢荒废，铭刻下千年盐井的兴衰更迭。

由于现代制盐技术的采用和工业化生产，物美价廉的食用盐已经广泛取代了土法手工制作的井盐——普通食用盐、餐桌盐、加碘盐、健康盐、

旅游『金三角』首选稻芒香

味精盐、营养盐应有尽有，丰富多样；而土法制盐的高成本和低附加值的劣势凸显。

随着传统井盐产业退出历史舞台，井盐制作这一原始生产方式成为珍贵的人文遗产，成为文化和旅游业建设的重要依托资源。截至目前，芒康县通过招商引资与企业合作，先后投入资金6000余万元，新建了盐史博物馆、温泉酒店。围绕盐井4A级旅游景区创建，先后实施景区道路建设、游客接待中心及博物馆改扩建等工程。这些设施为盐井旅游业的长远发展奠定了基础。

然而，在经济落后地区培育旅游业将是一个艰难的过程，更何况，在滇藏公路进入盐井的沿途，还有香格里拉市、德钦梅里雪山等知名节点。对于长距离游客，这些具有更高辨识度的旅游地才是他们的首选。

正是由于这些因素的掣肘，肇始于21世纪初的盐井旅游建设至今仍处于自为的发展状态：去加达村那天，我们在村口看到几包红盐和白盐并列摆放在地上，几个十岁上下的女孩站在一旁看着我们。没有兜售的吆喝，也没有纠缠的拉扯；但在她们的眼睛里，我分明看出几分等待。

二

走访纳西乡和曲孜卡乡，民族同胞对旅游业发展的期盼令我们感触良多。

在加达村吃午餐，村民端上虎皮尖椒、木耳炒肉片、清炒土豆丝、红烧腊肉等菜肴。我们用餐时几位青年人站在我们的身后，不时过来给添饭。在他们略显生硬的服务动作里，我看得出几分紧张；但我也能够感觉到，为了使我们满意，他们已经竭尽全力。当我们用夸张的手势挥去偶尔飞来的苍蝇，他们脸上露出几丝不安，这反而令我抱愧不已。

在觉龙村，村里为我们准备了崭新的洗漱用具，至今我都为临时改变主意没能在村里过夜而感到羞惭。

作为旅游业内人士，思考盐井的发展突破是我们的职业本能，也是义不容辞的责任——尽管，我们的建议未必可行。

毫无疑问，盐井丰富的遗产和文物价值存在潜力巨大的旅游吸引力。

盐井位于世界遗产"三江并流"和横断山区的核心地带，曾为茶马古道的重要驿站。这些夺目的地理和政治背景，为盐井资源保护开发提供了充裕的文化想象空间。

盐井至今延续着传统的井盐制作方式，盐民村落距离盐井盐田仅咫尺之遥；鲜活而真实的生产生活场景可以为游客提供多样的文化体验。

盐井位于干热河谷地带，久远的农耕传统和适宜的土地环境可以为旅游者提供丰富的餐饮食材：蔬菜、粮食、水果、葡萄酒、藏香猪。

盐井还有丰富的温泉资源。在距离盐井上游8千米处，坐落着被藏族称为"温泉圣地"的曲孜卡。108处温泉从山麓溢出，云雾如轻纱薄幔缭绕于山间。旧时，这里是茶马古道上的一处可贵的休闲驿站。长途跋涉的马帮在此歇息，用温泉洗去旅途风尘和疲惫。

到达曲孜卡的傍晚，我们在澜沧江边散步。眼前，一座温泉小镇正在澜沧江边兴起：一条汇集餐馆、药店、商店、医院的临江街道已经建成，串联起曲孜卡体验馆、市民广场和临江景观步道；几座酒店工程已经接近尾声。晚上，我们在江边的温泉池泡脚聊天，阵阵涛声入耳，徐徐江风拂面。

站在澜沧江边，我的脑海几次浮现在印尼巴厘岛中部旅行的场景。在德格拉郎（Tegalalang）梯田下的山谷对面，景观餐厅和简易茶篷临路而建。游客一边欣赏对面山坡上的热带梯田风光，一边享受下午茶，临走时随手带上几件巴厘岛手工艺品。

盐井的绛红色山水和密布于山腰的盐田棚架不也是一道苍凉而震撼的自然和人文景观吗？

还记得抵达曲孜卡的前天傍晚时分，一路阴沉的天空突然露出了太阳。从滇藏公路下望，澜沧江在高山峡谷中曲折转弯，绛红色的急翻滚着冲向下游，一路拍打着绛红色的山岩，激起朵朵浪花。傍晚柔和的光线下，眼前的一切就像一幅浓彩重墨的油画，令人惊叹不已。

我期望，也能在澜沧江边同样修建起景观餐厅和简易茶棚。游客一边俯视澜沧江急流和千亩盐田，一边用餐喝茶。

同时，我期望能够在盐田棚架间修建一条木栈道，游客可以从顶部顺势而下，直到江边。

我还期望，盐井能够更加深入地挖掘人文历史线索和地理科普知识，为更多的携带老少的家庭提供更加多样的丰富旅行体验。

这样，游客将获得更加富有魅力的多样体验，盐井也可有效聚集旅游产业，形成规模消费，盐井盐田可以获得更为充足的资金，盐井旅游的痛点得到缓解；客流组织管理会更为有序，对遗产区域的扰动也可以减到最小。最终，供需双方的利益和诉求获得兼顾和平衡，旅游经济实现自身循环，可持续发展模式得以建立。

写到这里，我有几分忐忑。在"原生态"理念成为主旋律的今天，这样的建议会不会被误读为片面强调发展而毁坏生态环境？然而，片面强调"原生态"容易导致环境正义的缺失，尤其是像芒康这样偏远的后发展民族地区。

当然，旅游发展与其他一切资源的开发和利用一样，都有一定的负面效应。在发展中国家及经济落后的地区，纯粹的生态保护是一种奢侈。这些保护区不能带来经济收益，还需要保护资源；而发展旅游可以为保护区提供发展资金。正因如此，利用保护区发展旅游成为经济落后地区的一种必然选择。

今天，中国已经施行了史上最严格的生态环境保护政策，可持续发展理论日渐深入人心，即使在欠发达的盐井地区，环境保护也早已成为旅游业发展的底线思维和指导思想。

新近制定的《西藏芒康县盐井旅游景区总体规划》（2018～2030年）对环境影响评价进行了多次公示。评价主要通过生态空间管控、环境准入、资源利用上线、总量控制进行规划限制，通过优化布局、控制规模、空间准入，同时提出了环境影响减缓措施、优化调整建议。

在可持续旅游模式已经成为业界共识的今天，旅游对于生态环境的扰动可以减到最小，而对于社区的经济和社会发展的贡献可以增到最大。

在享受着都市繁华生活的同时，我们可以追求"采菊东篱下，悠然见南山"的自然生活状态，但不应忽略贫困落后地区对于发展的渴求。况且，旅游业对于地区发展的意义并非仅限于经济收益，它也是促进不同文化交流和理解的桥梁。

在莽措湖，我们对此有更为深刻的感受。

三

结束在盐井和曲孜卡的旅行，我们来到位于芒康县中部的莽措湖。

莽措湖仅有 20 多平方千米，却是青藏高原少有的高山淡水湖泊，周边是理想的天然高山牧场。

莽措湖的传说凄美动人。

很久以前，莽措湖一带没有水源，百姓生活艰难。美丽善良的莽措姑娘决心寻找水源，并许下诺言：找不到水源便不嫁人。一个干旱的夏季，她的吉祥神牛翻开了一块扁平的石头，一股泉水喷涌而出。泉水越涌越多，她只好赶着牲畜往山上跑，水跟着她往上涨。跑累了，她只好把衣服一件件脱下。最后她脱下围裙一扔，水立即停止上涨，形成一条藏式围裙形状的湖泊，这就是当地百姓所崇敬的神湖——莽措湖。莽措姑娘和吉祥神牛为了守住泉眼变成了湖中两个小岛。

来到莽措湖边，天上大块的洁白云朵随风浮动，云朵间露出湛蓝的天幕；白云和蓝天在水面上形成倒影；起伏的草坪一直延伸到远方的山脚下，草坪上点缀着黄色白色的小花。

今天，莽措湖格外热闹。一座巨大的白色帐篷设立在草场的最高点。帐篷周围，穿着五彩斑斓民族服装的藏民在跳舞歌唱。一些人则三五成群，

旅游『金三角』首选稻芒香

坐在草地上聊天。众多的儿童在草坪上奔跑追逐，欢声笑语不时传来。我们今天有幸参与当地藏族同胞的"耍坝子"。

耍坝子，康巴藏区流行的一个词语。每年农历七、八月正是康巴藏区草长莺飞、百花盛开，气候宜人的日子。康巴藏族举家盛装外出，或邀约亲友，以村为单位，赶马拉车，来到草场或湖边。他们搭起白色帐篷，观赏湖光山色，跳起锅庄弦子，促膝谈天论地，活动延续数日，通宵达旦。

耍坝子对于我们，最有意义的事情是与当地藏族同胞聊天。我随意走到几个藏族同胞身边。他们围坐在一起，正在吃东西聊天。看到我来，一个年长的男人热情地招呼我坐下，另一个年轻人递给我一个布袋，里面装着一些小吃，有饼干、火腿肠，还有矿泉水。

聊天得知，这是一个藏族大家庭，大家都是近亲。从着装可以看出，如今藏族同胞的生活有了极大的改善，年轻人穿着柔软温暖的羽绒服或皮衣，几辆摩托车停靠在旁边。

同样改善的是教育普及程度。我问身边一个初中生模样的女孩在哪里上学，她的回答令我意外。原来，她就是盐井中学的学生。她告诉我，明年就要去昌都去读高中了。

记得在盐井的加达村，我走进一个人员已经迁出的藏民房间。一个女孩突然进来，问我要不要松茸。原来，她是这家的姑娘，现在在成都读中学。在觉龙村参观时，接待我们的是两位暑期放假回家的学生，一位在北京体育大学读书，另一位在西藏民族大学读书。如今，新一代的藏族学生高中毕业后，许多都会选择去内地大学。

入藏前，我们对于西藏都有共同的想象：纯朴木讷的藏民、人畜同室的碉楼、烟熏火燎的火塘、千年不变的信仰，还有一路磕头走向冈仁波齐的旅途风景。

然而，这种被标签化的生活并不是真实完整的今日西藏。

长期以来，西方人和国内城市精英为我们展示的，是一个被真相屏蔽的高原民族。知名藏学家沈卫荣曾经引用意大利历史学家 Umberto Eco 的

"背景书"理论（Background Books），来说明西藏文化如何被刻意误读。

Eco 说，"我们人类是带着一些'背景书'（Background Books）来游历和探索这个世界的。这并不是说我们必须随身携带这些书，我的意思是说我们是带着自己的文化传统、先入为主的世界观来游历世界的。有趣的是，我们出游时就已经知道我们将要发现的是什么，因为某些'背景书'告诉我们什么是我们应该发现的。这些'背景书'的影响是如此之大，以至于无论旅行者实际上所发现的、见到的是什么，一切都必须借助它们才能得到解释"。

沈为荣教授说，西方人视野中的西藏与现实、物质的西藏没有什么关系，它是一个精神化了的虚拟空间（Virtual Reality），拥有西方文明中已经失去了的、令人渴望的一切美好的东西；是一个充满智慧、慈悲的地方，没有暴力，没有尔虞我诈。藏族是一个绿色、和平的民族，人不分贵贱、男女，一律平等，没有剥削、没有压迫。这样的一个西藏过去没有在历史上存在过，将来也永远不可能出现。

今天的藏族民众，尤其是年轻人正在发生变化，包括生活理想、生活习俗、居住环境、就业形式。

在盐井，我们看到，不少藏族同胞住宅早已人畜分居，冰箱、热水器已经进入普通藏族同胞家庭，被城市精英作为文化特征而津津乐道的一些落后的传统生产生活方式和习俗正在发生改变。在芒康县，教育改变命运，已经成为广大藏民的共识。芒康县 2018 年适龄儿童、小学、初中入学率分别达到 99.80%、99.81%、98.06%。

从盐井到县城的 214 国道边，新建的普拉村安置点成为易地搬迁扶贫户的新家。一排排独具藏家特色的白墙绛顶二层楼房沿路而建。电影《冈仁波齐》中的主要演员就来自老的普拉村，其中年龄最小的演员扎西措姆当时仅 9 岁。当被问道长大想做什么，小扎西回答她想做演员。

我突然想到，这些接受现代文明教育的藏族一代会不会与自己的民族文化渐渐疏离？他们还会像长辈那样踏上去往拉萨和阿里的道路磕长头

旅游『金三角』首选稻芒香

吗？他们的圣山神湖的信仰还会保留吗？

　　我们当然不希望他们与自己民族的文化疏离，但我们也要坦然接受西藏在现代文明影响下的文化变迁。至于怀着猎奇心态来到西藏的城市精英，还是应该放弃对西藏的虚假想象，去感受和接受一个真实的西藏。我们不应该为西藏走向现代文明而痛心疾首；相反，我们应理解和尊重藏族人民对新生活的选择。对于盲目追随西藏宗教的时尚文青，请理性对待宗教，同时应认清这样的事实：

　　民主改革前，西藏实行政教合一制度，宗教是统治者压迫农奴的工具。旧政府利用宗教教义，让农奴觉得自己承受痛苦理所当然。另外，农奴没有土地、牲畜和其他财产，人身自由受到限制，税负沉重，触犯了统治者制定的刑律，就要遭受残酷的刑罚。农奴只能用宗教来麻醉自己，把幸福寄托在虚无缥缈的"来世"上，以减轻"现世"生活的痛苦。

　　一句话，希望不要带着"背景书"去看待今天的西藏！如果说此次藏东走马观花之行我有何收获，那就是在对西藏的认识上回归常识，并透过虚幻的面纱去发现一个真实的西藏。

　　我们的稻芒香"金三角"之旅在芒康县画上句号。离开芒康的那天上午，再次路过盐井和曲孜卡，熟悉的高原红土又映入眼帘。我突然想起徐沛东的一首老歌来，歌名就叫《红土香》。这位出生于大连的山东汉子，曾亲自演唱自己创作的这首歌，略带嘶哑的嗓音，饱含浓浓的大地情感和豪迈的生命礼赞。

　　　多少故事红土里长
　　　多少希望红土里扬
　　　红土香　　红土烫
　　　看一看就有无边的狂想
　　　……

第二篇
高原藏地的幸福滋养

盐井，生活与生命的交响

——沧海桑田，卤水化盐。面对自然的馈赠，加达人将手工晒盐传统沿袭了一千多年，像亘古奔流的澜沧江水，源远流长，不息不止。

一

眼前的这幅图景我不曾见过，若说是山河壮丽，它又略带些文人的伤感，若说是人们生存和糊口的劳动场，它又显得过于激昂。

面对近乎咆哮的澜沧江，加达村的人们似乎已经习以为常了，湍急的

江水如匆匆过客，每一次惊涛拍岸只不过是虚张声势，留下了几声巨响就向南方奔去了。

唯一能记录这些水流曾经来过的，是岸边和江心的那些石头。

有的很大，大到比岸上的牦牛还大，有的很小，小到一只手能抓起十几颗。它们有着一个共同的特点，外表光润如玉，内里坚韧不屈。

这一点像极了岸上的加达人。

我很难想象，在这样极端的地形条件下，加达人是怎样生存下来的。本来连绵的山脉被澜沧江切割成深谷，谷底江畔布满了碎石，偶尔见到面积不大的平整土地，被人们用来种植青稞和玉米，仅能勉强果腹。

江岸上那些神奇的东西揭晓了答案，暂且别因为我称那些为"东西"而惹恼了热爱这里的人们。

如果说那些神奇的所在是建筑，不免有些偏差；若视为平台，又过于直白；若称之为田地，简直颠覆了自己的想象。

没错，到挑战想象力的时候了。

那些用长短不一的木棍支撑起的一座座台面，依江而建，不似凤凰的吊脚楼，也不同于恒山的悬空寺。它没有楼宇，也没有门窗，只是台面，倚就山势高低错落的绛红色台面。当地人习惯称之为盐田。

有的人为了凸显它的沧桑，还特意在盐田前面加了两个字，千年。

这里是盐井。

盐井若用作地名，它代表着一片行政区域。1959年设盐井县，后几经撤并，现在大致包括西藏芒康县的木许乡、曲孜卡乡和纳西民族乡一带。

作为地名的历史远不及盐井的故事悠久。这是一段神奇的江岸，地质学家说它是喜马拉雅造山运动的产物，海洋变成了地下水。而加达人则认为这是上天的眷顾，是大自然对他们的恩赐。

无论是文学作品还是纪录片，都会把盐井具象到物的层面。这样一来，它就成了澜沧江边那一座座任凭江水冲击而矗立不倒的碉堡式建筑。这也是盐井该有的样子。

旅游『金三角』首选稻芒香

起初的盐井却不是这样的，加达人为了不让澜沧江水在涨水时倒灌入井中才想出了这样的办法。人类在与自然环境抗争的过程中，总会有如神助般地想出最合理的解决方案。当然今天看来，极具智慧的灵感一定是在经历了无数次失败和挫折后才锤炼成的。

盐井准确地说应该叫盐水井，因为这里没有盐，只有舔一口能让人咧半天嘴的咸水。

单纯地依靠光照进行水蒸发晒盐的古老制盐技术在现代化工业面前已经近乎灭绝了，只有盐井还保留着世界上最古老和最原始的盐生产方式。而不可思议的是，这里与最近的海洋孟加拉湾的直线距离超过了1000公里。

也许是自古处于横断山脉腹地交通闭塞，也许是冥冥中遵照神旨来守住这片天赐之地，加达人与盐的故事在这里已经延续了1300多年。

二

我猫着腰、低着头在架空的盐田底下穿行，稍不留神，头就会把挂满盐田底部的"盐钟乳"蹭掉几根。

捡起一根，放在嘴边，犹豫着伸舌碰触。接下来就是张嘴闭眼，伴随着"啊"的一声咸涩的感叹。这咸度比刚才的井水不知又提高了多少倍。

走到稍微宽敞一些的地方，我站直了身，摇晃摇晃有点酸疼的腰。看着脚下、周围和远处高低错落的盐田，想起了韩国KBS电视台曾经在这里拍过的纪录片。那是《茶马古道》中的一集，即千年盐井。

韩国人把这些盐田看作盐井女人的痛苦与磨难。舀满盐水重达几十斤的水桶背在身上，每天往返盐水井和高低不等的盐田上百趟，这样的日常艰苦劳作看不到男性的身影。

受访的加诗永郡对着摄像机镜头平静地说："我们世代以来，都是做这个，我相信我们的女儿也会继承我们的传统。"

女人垒池造田、背水晒盐，男人运输贩盐、交易挣钱，这是加达人千年不变的家庭分工和生存方式。女人和男人有着不一样的辛苦，他们各自的收获也温暖和贴补着全家人的幸福。

　　沿着盐田间狭小的通道左曲右拐来到高处俯瞰它的全貌。在我身边，平时思想深刻、言语奥妙的哲学家见到此景，大脑似乎也瞬间停止了运转。

　　她呆望着，突然发出"哇"的一声感叹，如出自我等俗人之口。

　　注满水的盐田如同不规划排布的一面面镜台，错落分布一直延伸到江边，水中倒出山和云天的影子。

　　可惜，我们来的时候不是这里最美的季节。多雨的 7 月把澜沧江两岸大山的沙石和泥土裹挟入江，在上游的芒康境内已然是滚滚黄汤。

　　天空总是有乌云飘过，映在水盐田里，就像是增加了怀旧效果的画布。

　　当然，这并不影响我们欣赏它的美，劳动之美，智慧之美，还有人与自然相互妥协的和谐之美。只是遗憾，频繁的降水使得盐田的生产效率大大降低，还没等晒出新盐，田又被雨水浇注满，一轮重新来过。

　　加达女人并不会因为这点小挫折而恼火。她们干脆停工，等待着雨季

旅游『金三角』首选稻芒香

的过去，难得的清闲让她们对未来的收获更加渴望。

三

我又一次来到江边，这次是独自一人。

没有了劳动场景的空画面在滔滔江水旁边显得格外安静。本来应该在盐田里和马道上的人们换上了盛装，在新修建的江畔广场上舞蹈、歌唱。不管外面世界如何变迁，歌声和涛声在这深山谷地里百年复百年地动情演奏着加达人生命和生活的交响乐。

怒唱的惊涛释放完怒火就急着流走了，婉唱的人们度过短暂的悠闲后还要继续辛苦的生活。我真的该为这时候到来而庆幸，没有把加达人的辛苦当作景物来欣赏，反而听到了她们达观的歌声和笑声。

不知何时，几个孩子围在我的周围。我冲他们笑笑，举起相机。他们也冲我笑笑，聚拢在一起，刷刷地伸出两个手指头。

旅游「金三角」首选稻芒香

镜头定格后的下一秒，孩子们四散开了。我的眼睛顿时像蒙上了一层东西，看不清他们奔跑的背影，但能隐约看见脚下那条勇往直前的清涧，一头扎进了浑浊的澜沧江的怀抱，就像加达人对这片土地的忘情投入与不离不弃，因为盐井养活了自己。

觉龙，生活在桃花仙谷的人们

——这里是美丽的桃花仙谷，这里是隐秘的世外桃源，这里有古道热肠的人们，这里有侠肝义胆的故事，这里有让人难以忘怀的清澈目光，这里有让你魂牵梦萦的纯洁笑脸。一天的觉龙让人想念一生，短暂的交往让你多了一众永远的朋友。

一

本来要和大部队一起返回曲孜卡的，谁知心血来潮，从身边姐姐那里抓了支一次性牙刷，叫停了已经启动的大巴车，窜下了车，头都没回，我便加入了刚刚转身往回走的送行人群。

在当地人的队伍中还有两个一起进藏的兄弟，是重庆大学的研究生，小朱和小熊，他们早已决定留宿在这深谷人家。对我的临时加入，两位既意外又高兴，至少在陌生的环境中多了个熟人。

觉龙村最有名的是桃花。每年三四月间，自然生长的桃树花开满枝，漫山遍野，在静谧的觉龙山谷中错落有致地铺开，与绿色麦田和白色藏房相互映衬，俨然一个世外桃源。

七八月早过了桃花季，没了"桃花运"的几个大男人在充满酥油茶香的屋子里聊着天。洛松扎西帮我们在脑海中尽力地勾勒他家乡美好的样子。

和我的猜测一样，扎西是村委会特地请来给我们当翻译的，因为留宿我们的房主阿妈不会说汉语。后来得知，扎西也不是外人，正是房主人的亲外甥，房主阿妈是扎西的亲姨妈。

旅游『金三角』首选稻芒香

洛松扎西汉语说得很好，和我们交流没有一点障碍。他告诉我们，他在西藏民族大学读书，学校在陕西咸阳，今年读大一，回家过暑假。

我们觉得从西藏的山村考出去上大学一定是件非常非常了不起的事，扎西一定是家族和当地的骄傲。可扎西却不以为然地摇摇头，说道：

"这不算什么，觉龙村的孩子在外面读大学的非常多，几乎每家都有，云大、川大、西南大学、北体大、北师大，遍布全国，当然最多的还是西藏大学。"

一个村子能出那么多大学生，还是在祖国的边陲山谷中，简直让人不敢相信，仿佛瞬间闻到了这桃花谷地散发的缕缕书香。

我想起了刚刚来时经过的盐井中学，据说这是全西藏唯一一个乡级中学。扎西告诉我们，他的初中也是在这里读的，当年他毕业时全年级400人几乎全部去了昌都读高中。

扎西的话让我心头为之一颤。

这些年我在藏地经历过不少次洗礼，精神上的和身体上的，对于一些事情的认识也随着高原的海拔提高了些许。

在雨季的云雾中与卡瓦格博短暂的邂逅，我便明白了遇见和遇不见都是缘分，凡事努力而不强求。

在玛旁雍错和边防小战士聊天，感受到了祖国的安宁就是军人的快乐和终极使命。

在郎木寺，我赢得了藏族朋友赞许的目光，懂得了尊重本身就是一种信仰，获得尊重的前提是赋予尊重。

在唐古拉山做志愿者的日子里，我亲身体会到高原生态的脆弱和江源地区环境保护的重要。

在仰望高耸的古格遗址和在宫殿之上俯瞰苍茫大地时，感受到了人相对于自然的渺小，以及权力在历史长河中的无力。

……

扎西的话让我对这片桃花山谷和这里的人们肃然起敬。

旅游『金三角』首选稻芒香

这里的人们虽不富裕但尊重知识，父母甘愿忍受分离之苦把十几岁的孩子送往千里之外求学，孩子们也以学业为荣，用他们的梦想和行动回报着家人及家乡的期望。

扎西告诉我，读完学他就回西藏，回家，他是学医的，将来要回来做些能做的事。

二

说话间进来了两个男人，一个微胖，红光满面；一个瘦瘦的，穿着运动服很是朴素。扎西用藏语和他们交谈了几句，好像是介绍我们几个山外来客。

两人笑着坐下，微胖的坐在靠墙的沙发上，瘦瘦的坐在门口的木头椅子上，听我们说话，偶尔和扎西说上几句。

扎西说："他们的汉语都不太好，能听懂一些，也会说一点，但交流起来还是不行。"

"他们是……"我请扎西帮忙介绍。

"沙发上坐的是我的表姐夫，我姨妈的女婿。这是我的二哥。"扎西说着指向门那边的方向。

"我家兄弟三人，大哥出家当了和尚，我去外地读书，只有二哥更邓一人在家照顾父母、打理家务，他是最辛苦的，为兄弟们和这个家牺牲得最多。"扎西说，他上学时也在打工挣钱，说是攒够钱就让二哥去外面看看，因为全家只有他没出过门。

我不自觉地端详着更邓。扎西说话时他一直看着弟弟，从他清澈的眼神中我确定，他没有完全听懂弟弟用汉语表达的意思，但一直微笑着，他知道弟弟的话里有他。

三个人用藏语说了一阵后，扎西向我们转达了表姐夫的意思，要带我们去山上看风景。起初，我们怕麻烦主家，但在三位的一再邀请下，却之不恭，便出门上了表姐夫的车。

　　一辆价值不菲的陆地巡洋舰，后排挤了四个人。崎岖坎坷的山路，逐渐上升的海拔，都是为了衬托悬崖之下的绝世美景。

　　表姐夫让我们称呼他"九哥"。我知道，一定是因为藏家孩子多，他排行老九。

　　"九哥"用有些生涩的汉语和我们时不时地聊上两句，可能是担心我们会害怕这样的山路，故意转移我们的注意力，遇到不会表达之处就请扎西帮着翻译。

　　更邓则在副驾驶专注地观察着路况，遇到落石，"九哥"停车，他就下车把大石头移开。

　　"九哥"是个生意人，经常在全国跑业务，加上为人豪爽，所以各地都有朋友。他的虫草生意做得很大，算是标准的有钱人。扎西说，"九哥"在当地人缘极好，当地人都敬重他不是因为他有钱，而是因为他的钱总是

用来帮助乡邻。

"有一次，我们一个乡亲进城看病，挺严重的病，没钱治，本打算放弃了，'九哥'用 60 万元把他的命救了回来。事后，怕乡亲为钱所困，'九哥'从没再提起过此事。"

听着扎西讲这段往事，不知不觉间老岗达寺遗址到了。我和小朱、小熊去采风，"九哥"、更邓和扎西在附近等我们。

站在老岗达寺遗址的旁边，我才明白，为什么"九哥"他们一定要带我们来这里看看。

老寺遗址的整体骨架还在，当年的盛大场面依稀可见，只是眼前的断壁残垣凸显了僧去寺空的沧桑感。斑驳的墙体在青山环抱与绿草围映之下，顽强地仰视着碧蓝的天空，仿佛在为身畔的美丽山谷和生活在这里的人们虔诚地祈祷着。

当地人不舍得把 600 多年的老寺完全拆除，而让其在天地间自然风化。

我想可能是因为，这里仍然是他们信仰的制高点，它护佑了一代又一代的
觉龙人。

三

　　再三确定我们三位客人不饿的情况下，扎西给家里的阿妈和表姐打了
个电话，说"九哥"要继续带我们往山上走，去"耍坝子"，回去吃饭要
稍晚些。

　　再往山上走的路，不只是崎岖坎坷，而且非常狭窄。身形庞大的"陆巡"
有时只能轧着崖边勉强通过，还不时涉水。

　　扎西告诉我们，这是茶马古道的一段，如果我们能多住几日，就能赶
上茶马古道文化节了，到时有马帮从这里经过。这也是往坝子走的唯一一
条山路，村里的很多集会活动都在坝子上举行，所以当地人总来这里。

　　行进间，前方突然乌云密布，正在不断侵犯着头顶的蓝天白云。在高

旅游『金三角』首选稻芒香

原数日，我们对这孩子脸一般说变就变的天气也见怪不怪了。出于安全考虑，"九哥"决定带我们回撤，一旦暴雨袭来，路会变得更加难走，到时不仅上不了山，就连返回都成问题。

车刚刚走出最艰险的路段就被乌云追上，无情的大雨向车子瓢泼而来。就在我们庆幸明智地及时返程时，前方出现了一群人。三辆摩托车停在一边，人们在树下避雨。

"九哥"停车，降下车窗，车里车外的人打着招呼，显然大家认识。这不奇怪，自离开214国道进入觉龙沟以后，就好像进入了一个小天地，觉龙村有1000多人，大家彼此熟识。但奇怪的是，"九哥"将车熄了火，下车从后备厢中抱出一箱啤酒，带着我们和大家一起淋雨。

从小就知道，避雨不能在大树底下，开始还有些担心不安全，酒过几盏也全然不顾了。不过这时，在树下和外面已经没什么区别，大雨变成了暴雨，每个人都浑身湿透，却又浑然不觉。

　　身边的藏族朋友们就当雨是个从来就不存在的东西，一副坦然的样子，只是喝着酒笑，笑着喝酒，大家还时不时地合个影。

　　老伯和两个孩子一直也没有上车避雨，孩子们小大人的样子，甚是让人心疼，他们一直没有说话，只是当雨水滑落在脸上睁不开眼时才用手抹一把。

　　除了老伯和孩子，途中避雨的还有三个僧人和一个大学生。赤烈在北京体育大学读体育教育专业，大三暑假回家探亲。赤烈的二弟在岗达寺出家，新寺从山顶搬到了山脚下，虽离家不远但几乎不回家。三天后二弟就要闭关修行一个月，兄弟们聚少离多，两人商量，带上父亲和大姐的两个孩子，邀上两个要好的僧人朋友一同上山游玩。正是这一场突如其来的大雨，让大家有了相识一场的缘分。

　　一箱酒喝完，雨也停了。更邓把装满空酒瓶的箱子抱回了后备厢，大家各自上车。"九哥"对赤烈和僧人们说了几句，他们点着头，像是应允了什么事。

一路下山，大家还沉浸在刚刚茶马古道上暴雨中畅饮的兴奋中，突然"九哥"停下车，手指左前方："彩虹！""还是两道！"大家欢呼着下车。

更邓和扎西都说，彩虹常见，但两道彩虹如此清晰地同时出现不多见，我们真是好运气。

旅游「金三角」

首选稻芒香

四

回到家中，阿妈和表姐早已把晚饭备好。没过多久，赤烈和三位僧人也赴约前来，我才明白山上分别前"九哥"是在邀请他们来家里吃晚饭。

桌上原本摆置的法器和贡品已经撤下，主客落座。

主人和客人分别坐在长桌两侧，客人坐在里面靠墙的位置，面朝厅堂，主人坐在客人对面，背靠厅堂面朝墙。不知这样的位次安排是不是为了让客人有更好的视觉体验，既能欣赏主人家的厅堂陈设，又能敞开心扉开怀畅饮。

三个远道客人、三位僧人、赤烈，七个人坐在了靠里一侧的客位。只有"九哥"一人在对面坐下，招呼扎西又抱来两箱酒，还给僧人们准备了饮料。

"九哥"开车，在山上时没喝，说要好好陪我们喝点，要不怎么当"九哥"。听到此话，再看看他滚圆滚圆的啤酒肚，我才恍然大悟。原来，"九哥"是酒哥，不是家里孩子多，而是酒量大啊！

除了酒、菜以外，主食是加加面，当地的特色。加加面口感不错，但给人们留下深刻印象的不只是味道，而是吃的过程。如同字面意思，面条不停添加的形式是让人难忘的，也是让人回味和思考的。为什么主人不嫌麻烦，每次五六根面条地给客人加面？如此繁复，加加面为什么在盐井地区流传了几百年？

阿妈和表姐在厨房一锅锅地煮面，每锅不能太多，因为不知道客人们吃得快慢和加面的频率，为了防止面条糟坨，还得控制好火候。

酒哥和表姐的两个儿子，一个10岁，一个9岁。在城市里，这个年纪的孩子吃饭时大都是先于大人早早地抢占好位置坐下，猴急地等着饭菜上桌大快朵颐。而这兄弟俩始终在给妈妈和外婆帮忙，把盛出的面条传送到两个舅舅的手里，再由更邓和扎西往我们的碗里添加。

阿妈和表姐负责做饭，两个孩子负责传递，更邓和扎西两兄弟站在我们身边负责加面、添菜、倒酒。心里过意不去，几次请他们一起坐下，都被他们红红的笑脸和清澈的目光拒绝了。

扎西和更邓每次都是双手捧着三个手指就能捏住的小碗给我们加面，我们也不知如何是好，一次次地站起身来不住地道谢。

酒哥招呼着我们喝酒，僧人们以饮料代酒，大家频频举杯，每次碰杯都会互道扎西德勒。晚宴上，赤烈代替了扎西的角色，一直在给我们当翻译。他把酒哥和僧人们说的话尽量清楚地讲给我们听。

酒哥不仅酒量大得惊人，讲经布道也是把好手，很多话极具哲理。看

他天庭饱满，地阁方圆，目光炯炯，活像一尊佛。话说到妙处，三位僧人相继掏出怀中纸笔，记录下来。

我们能听到的，也是赤烈翻译给我们最多的话就是"人活着得为了别人"。这话，酒哥说过，僧人说过，扎西说过，以前在藏地的很多地方也都听说过。

我顿时好像找到了解开心中疑惑的钥匙。为什么大多藏族同胞总是面带笑意心绪平静，为什么他们面对困难总能泰然处之，为什么他们总是亲近乡邻善待家人，为什么外出学子总是愿意返回藏地工作，为什么山谷中的人们不愿意离开这世外桃源到繁华市井生活？

这句话也许就是答案。里面蕴藏的不只是做人原则和信念，还有处世之道和信仰。

五

时至午夜，大家欢饮尽兴。僧人回去了，赤烈回去了，更邓和扎西也回去了。酒哥安顿好我们，表姐开车带着他还要去看望拉萨来的朋友，说是赶赴另一场酒局。我们怪他不早说，如早结束，也不至于让朋友等到这么晚，自己还如此辛苦。

酒哥只说了一句：你们距离更远。这句汉语，他说得清楚，我听得真切。

酒精催眠了我，酒哥上午新买的枕头和被褥让我温暖地很快睡去，一夜无话。

清晨天没亮，看同屋的两个小兄弟还在熟睡，我便悄悄地披衣下床，独自来到厅堂里，一帧一帧地在脑海中回放昨天发生的事情。

有人说，当你对某人某地了解得越多，往往会相伴而生更多的疑问和好奇。在藏地觉龙，我也有相似之感。

在这边陲谷地，人们为什么对教育格外看重，大学生层出不穷？这里外出求学的孩子，为什么不贪恋外面的精彩世界，而一定要回到家乡？是什么让无数藏家的"更邓"为了兄弟姐妹的前途和幸福选择留守家中？是什么让酒哥仗义疏财，不计回报地帮扶乡邻？是什么样的家庭教育，让十来岁的孩子们遇暴雨不躲避、逢家宴不上桌？为什么酒哥雨中停车而不先走，大家一起淋雨至天晴？

就在我不停地冒出这些疑问之时，阿妈推门进来，给我送来了一支还未开封的牙膏和新毛巾。我来到水池边，看到这里躺着一支一模一样的牙膏，看起来也只用过一两次。我把阿妈送来的毛巾和牙膏放回到屋里的桌子上，打开了下车前从姐姐那临时抓取的一次性牙具袋。

又一个为什么在头脑中闪现出来，这次是关于阿妈送来的那支新牙膏和如此讲究的待客之礼。

后记：就在这篇小文章快要写完的时候，手机突然响了，微信中传来了扎西抹灰盖房的视频。我打趣地祝贺他：这是要为娶媳妇做准备呀！扎西回复我："别人家的房子，挣点钱。"还不忘配上了个龇牙的笑脸。这让我想起了在觉龙时他说过的话。祝愿他能够早日带着更邓去看外面的世界。

旅游『金三角』首选稻芒香

乡城，回来看你

　　乡城的街道，是一眼能望到尽头的，道路两侧的建筑风格相近，云彩和天空各自的颜色分明，耳畔还交织着当地居民安逸的嬉笑声，与路边经过的小货车清脆的响铃，声音此起彼伏，画面定格在了这个时刻，像极了一幅色彩鲜亮的油画，淡然和平静，这是初来这座城市时感受到的气息。

　　不远处有个学校，那是孩子们追逐的欢笑声传来的地方，往前走着的

时候，无意间发现了一个门，好奇心促使我一探究竟。从混凝土墙堆砌成的小门里张望，看到琳琅满目的小零食，被整齐有序地码放在桌子上、悬挂在墙壁上，原来是个小卖店啊。在学校门口几步道儿的距离，想必是小孩子们放学后的聚集地。这些小零食看起来都是些廉价的小零食，大多五角或一元就能买下，想象着以前我下学冲向小卖店的快感，真能让小孩子大快朵颐地开心好一阵，这也许就是童年时期单纯的美好了吧。

我正准备转身，"砰"，一个小小的身影轻撞在了我的右臂上，我正在回神儿的工夫，"你好"，一个细小轻盈的声音飘了过来，原来是个头到我胸口，大概 1.5 米左右的小女孩，梳着松散的马尾辫，嘴里还含着粉红色的冰棒，语调就像和一个亲近的朋友在打招呼一样友好，好似在味蕾里弥漫开的糖水，滋味儿甜到心头，我也微笑着回应"你好啊"，如此简单的相识，开始了我们的好一阵对话。

对话里我知道了她叫庸中，就在这座学校里读小学四年级，是这个镇子里的住户，想来也不会很远。我俩边聊着边往前走，那是我返程回去的

方向，边上还不时闪过三四个嬉笑追跑的小身影，这时老师问她"你住哪里啊？"庸中依旧是细小轻盈的声音，"我家住在水磨，从这条街往里头第二个口拐进去就是"，我沿着庸中伸的笔直的指尖方向看去，路口延伸过去确实有几个拐口，我能感觉到自己因为吃惊睁大的眼睛，侧过头看向老师，老师难掩尴尬地一笑，表情里似乎同样读出了吃惊。

小时候爸妈总是反复叮嘱家庭地址不要告诉给陌生人，我在庸中这个年纪的时候听得耳朵都起茧子了，"欢迎你们来我家玩儿哦"，被太阳晒得略显小麦色的皮肤上本就黑亮的眼睛，散落的阳光在树影的点缀下，浮光掠影，映衬着瞳孔更能读出期待的神情，"好的，我记住你住在哪里了，下次会来看你的"。她的热情让人无法抗拒，虽然也没办法明确何时会再来一趟，但由于不想让她的希望落空，就很快接受了她的好意。

车子缓慢地向我们开过来，该是告别的时候了，很不舍地和庸中说再见，转身走的时候，听见庸中扬高了音调，好似彰显什么似的，"她说了会回来看我"，几个小朋友你一言我一语谈论着什么，听得我鼻头一酸，简单一句话就能被一个未经世事的小女孩记在心里，然后分享给她的朋友。这种信任感和亲切感，犹如清泉一般可以滋润人的心脾，这是这座城市给我的印象——像璞玉，未经雕琢，耐人寻味。

记得从乡城回来之后，刘老师听说我对乡城的印象不错，就讲起洛克的故事，在洛克的笔下提到过乡城，说这里曾满是荒芜，因为茶马古道会途经此处，有经商之人的踪迹，就免不了吸引过来山贼和土匪，再加上这里本就交通不便，又是山野林立，天然形成了一个对山贼和土匪有利的地形，从此，乡城便成为了让人听起来避之不及的地方，任何不好的事情都能与之联系起来。

听完这段描述，我不由得暗自一惊，纵然是有几百年的经济和文化的衍变，如果我不是亲眼一看，那乡城在我的心目中又会是怎样呢？可见，百闻不如一见，用你的脚步去丈量，你的所见必定能给历史渲染上新的色彩。也正是如此，乡城在我眼里成了初见四川的缩影，炽热的情感和无比的包容，映射出这座城市的活力。

仙乃日，云后的隐者

"我希望有个如你一般的人。

如这山间清晨一般明亮清爽的人，如奔赴古城道路上阳光一般的人，温暖而不炙热，覆盖我所有肌肤。

由起点到夜晚，由山野到书房，一切问题的答案都很简单。"

一

这是我在《从你的全世界路过》里读到的诗，真挚直白的语言往往最能打动人，而我确实也被他们的故事吸引。电影里描述了几段爱情故事，其中故事的主人公想带心爱的女生来到稻城，因为这是他自诩一定要带心爱的人来的地方。这让我想到哲学家海德格谈论起爱时曾说过，"我们爱一个人，往往有一个期望，希望对方符合我们所想的那个人"，爱人如此，想象亦如此，都是早在心中有所期待，那电影里屡屡提及的稻城，究竟是怎样的呢？

来到稻城是个下午，经过了 9 个多小时的车程，可以说是舟车劳顿终于抵达，下了车之后，跺了跺双脚恢复和混凝土地的亲密接触，双臂伸展开到极限，伸了一个大大的懒腰，这真是渴望已久的到达，心情已经放松得像飘到外太空的气球，带着好奇心想赶紧去探寻稻城的美景，脚却像踩在了棉花上，松软无力，身体的疲惫感把我云游的思绪拉回到了现实里，现在只有一个想法，就是扑倒在床上，让松软的床垫去接纳我风尘仆仆赶来的辛劳和倦怠。

旅游『金三角』首选稻芒香

不知不觉间，卸好行李，站在旅馆门口已经二十分钟了，听着王老师和李老师在与前台服务人员交涉，知道是预订的旅馆出了些问题，电脑的后台并没有我们的入住信息，然而我们是已经付过费用的，这小小的插曲影响了我们入住酒店的进度。"这是怎么回事？"忽高忽低的声音，这是打给旅行社的电话，石老师也在帮助着反复协调之后解决了问题。看着刘老师和高老师近乎瘫软地坐在沙发上，旅途的疲惫感充斥在每个人的脸上，这就是旅程中避免不了的插曲，谁都想能第一时间顺利入住，可这种戏剧性的事情总是不时发生，似乎这是稻城之行不太美妙的开场。

后来的重头戏就放在了仙乃日和珍珠海上，因为先前从香格里拉过来，海拔也适应得差不多了，我们经过一个夜晚的休息后，立刻调整好身心出发！入园之后，发现因为环保车接送的车程都在半小时，当天要在园子里面的酒店住下，这一猝不及防的消息，提醒着瘫下去的背包没有装上过夜用的洗漱用品，真是"两眼一抹黑"，说是上午，看着大厅外阴雨遍布，随着哈出去的一口气，渐冷的气温包裹住凉意，赶忙摸了下自己的冲锋衣，现在都觉得冷，能抵挡得住夜晚的零下温度么？真是准备得太不充分了，可是开弓没有回头箭，在大家的商量下决定凑合一晚。我们淋着细雨，踏上了今天的旅程，而此时已经是上午11点了。云彩包裹住暖阳，交还给了几分寒意在叶子的露珠上，在雨后湿漉漉地让人打滑的地面上。

在环保车送我们去旅店的路上，窗外满眼的白皑皑的雾气，好似仙境，而我确实已经置身在稻城中，想想此情此景，满足和欣慰温暖了心头的期待。途中还碰到了落石，车辆停下来。司机观察路面情况用了半小时左右，出于对司机驾驶经验的信任，这一路都平安通过。我们到达旅店，得知食材都是老板运送上山的，虽然新鲜，也是种类有限。我们每个人点了鸡蛋面或者牛肉面，这里的面条是用高压锅煮出来的，可能随着海拔的升高，气温还会再变低。

爬高的每一级台阶都交织着大口吸进氧气的诉求和跟高海拔低气温做的抗争，让阴雨和细雨知道我一定要到达仙乃日！"呼呼呼"，这是响彻

在我耳畔的我的呼吸声，粗壮有力，好像通过这种方式给我自己打气，不冷不冷。可实际上因为衣服的保暖性不够，我的手掌已经冰凉了，给隐藏在云彩后头的仙乃日拍了一些照片之后，返回到旅店。即使能感受到室内的温热，盖上厚重的被子浑身暖和之后，不开玩笑，我翻看手机里在稻城拍的每张照片，都能感觉到当时穿透心底的冰凉。

旅游『金三角』首选稻芒香

二

第二天，因为身体原因想着去不了珍珠海了，我准备目送着队友出发，在大家的劝说下，车还没来，我就先回到了旅店。从迈进旅店的门开始，脑袋都是空白的，腿也是机械地爬上我住的楼层，环视了一下同伴们紧锁的房间门，我的眼睛停留在了其中一道门上，舍不得移开。大家都出发了，留我一个人在这里，这是落队之后的失落，也是对自己身体不适的无奈，直到用钥匙打开了房间，一丝归属感，才让我的情绪得以缓解，长舒了一口气，一时间不知道做什么，就呆坐在床的一角，越想越可惜，都来到了这里，却没能看到一眼珍珠海。说真的，我是因为肚子疼痛难忍，担心自己出问题，害得队友还要来照顾我，再加上衣服的保暖系数确实不够，不能和雨水抗衡太久，最好的办法就是放弃今天的行程了。不知道呆坐了多久，还有点儿责怪自己身体不争气的想法，觉得掉链子了，还觉得准备怎么可以这么不充分呢，越想越生气。算了，大部队都出发了，想这些还有什么用呢，就想打开窗帘透透气，这一瞬间，我惊呆了，层叠的云似蝉衣，清透柔软，交织在眼前，好似有着细腻的触感，伸手就可以触碰，让人忍不住静闭双眼去感受，大口地吸入山野里弥漫的氧气，随着吐出去的气息，释放了我的惆怅和不甘，坦然萦绕在嘴角，我面露微笑回应着目之所及的一切，"谢谢你们安慰我，我已经没事了"。

就像对话一般，我细想着，留在旅店休息，这是我自己的选择，所以我也应该接受无缘美景的事实，这是早在选择之初就应该知道的，而我又为什么要为此惋惜呢？休息确实也让我获得了身体的放松，正是得与失瞬间在我心里变成了困扰我的一叶障目，而忘了我留下的主要目的不正是休息吗？人啊，真是容易被失落的情绪所左右，把目光过多地停留在了过去的事情上，而无法专注在眼下的选择上。想着，我拿起了电话，向店家要了一台吸氧机，帮助我提神醒脑，好好恢复元气。这一刻，我克服了心头的不甘心和不舍得，认识到眼下重要的是休息好，已经放弃了珍珠海，就要为接下来的行程养精蓄锐，我和自己和解了。都说认识自己的内心和对不满情绪做疏导是人生的必修课之一，所以，我想今天我依旧攀登到了我心头的那个珍珠海。

对我来说最难的，是在自己达不到之后，看到别人完成了心头期盼的事情的真心祝福。而就在老师们回来之后，听他们诉说着今天发生的事情，还和我分享了满意的照片，嘻嘻哈哈之间，欢快的情绪牵动着我。石老师声情并茂地演绎了一段故事，是在最后的通往珍珠海的路上，有点儿狭长和颠簸，心里总是怀疑能不能爬上去，沉浸在对未知的路况的担忧里。可是看着李老师走走停停地拍照，好一副游山玩水的架势，云淡风轻的样子是那么轻松自得，他也不紧张了，也就放松下来，真的，放松了之后，反而觉得，路况和自己有什么关系，慢慢爬呗。"哈哈哈"，听着大家鼓励式的笑声，我也不由得感同身受，是啊，受到正能量的感染，然后修复自己不安的情绪，是一件多么让人欣慰的事情，这可能也是同行的力量。我为有这样自信的队友，彼此信任的队友，感到知足和满足。

就在我听着大家的故事的时候，李老师说："明明这次没去，下回再来！"我先是吃了一惊，李老师照顾到了在一旁的我，还能准确无误地看到我原本的小心思，我好似被看透之后的心照不宣。"嗯，还会再来的！"回应的同时，也是给自己正面的心理暗示，只要再一次踏上稻城的路，我就不会错过这里的美景，而以后人生更长的路上，我也能回顾和停留在我心中的美景里。

旅游『金三角』首选稻芒香

奔子栏，进入西藏前夜的心跳

——嬉笑过后的安静总是恰到好处，回到偌大的房间，在落地窗前可以看远山上流动的灯光，可以聆听澜沧江拍打岸边的声响。

奔子栏是 214 国道通向西藏必经的村子，道路两侧林立的饭店和旅馆，把奔子栏描绘成了一条狭长的生活区。只有一条路，只好往前走，而我们就在车子即将驶出奔子栏的时候，心里还在想着："这都要开出去了，怎么还没遇到心仪的旅店呢？"说来也巧，这时候大家的注意力都汇集到了一家旅店上，达成共识之后，车子一个掉头，停在了我们留宿的旅店——

藏地·印象。

　　白色的石子铺开在地上，以深灰色的石头框定出和国道的界限，明眼一看，就知道这是属于旅馆门口的区域了。旅店建筑的材质是实木，颜色为棕红，散发出厚重的质感，走进大门，就能闻到空气中弥漫着檀香。早就知道檀香有凝神静气的作用，没有想到，和红色实木的桌椅搭配，是如此相得益彰，真是从设计到布置，无一不渗透出店家的用心。让人越来越好奇，究竟是怎样的店主才能有这样的情怀，正想着，看到一个和我个头差不多，1.6米左右的短发女生，她带着白色的帽子，反而更凸显她的皮肤黝黑，因为短发，反倒像个假小子，她每说一句话就会羞涩地笑一下，连嘴角的梨涡都在诉说着她的腼腆。

　　门后还有三角梅，听闻是古代时，燕子经过这里留下的种子，最后生长在了这片土地上，是这里特有的植被，果然连细小之处都很用心。每层楼梯的转角处都会有一幅油画，色彩温润，让我忍不住停下来看起来，这让我想到了我一个学美术的朋友，她和我说画画里的基本功是素描，而素描里只有黑白两色，凸显出来的阴影描绘出了笔下万物的轮廓。我就在想，世间万物似乎都有触类旁通的神奇能力，阴影会更凸显主体，确实，这些装饰物，更让我感受到了店主的情怀。

　　我拿了一个大箱子，自己一个人去搬很费劲，都是男老师主动帮忙，解决了我的一大难题。分了房间钥匙之后，还没起身，李老师已经手提好箱子，一问房间，大家惊呼："五层？！"这楼看着是不低，也没五层楼那么高啊，更是吓坏了帮大家提箱子的男老师们，要知道提着十几斤的行李，在海拔3000多米的地方，这么高强度的"健身"可不是轻易吃得消的。还好店家急忙解释，地下有两层，我们站的可以直面马路的这层是三层。

　　对于这座建筑的奇特，我满是好奇，就像寻宝似的，一层一层往下探寻，看到已经开门的房间或者客厅，总是忍不住去探头，生怕落下了什么有意思的东西。左边看看，右边望望，直到我找到了地下二层延伸出的院落！有凉棚有河沟，还有小桥！天呐，简直是意外之喜，就像蹦出来的仙境一样。试问，谁能想到在一座青旅里可以发现如同建立在山坳里的宽敞院落。悉心布置的茶具和挂椅，让人无法抗拒它的魅力。

就这样，吃过晚饭，老师们不自觉地相聚在了这个惬意的院落里，有的盘腿坐在木椅子上，有的倚靠在椅背处，丝丝吹来的凉风抚弄着垂挂下来的藤蔓，知了和青蛙畅享着夏天夜晚的宁静，远离城市灯光的星星点点，像油墨铺洒在夜空，旋转着手里温热的茶杯，真是好不快活。

这一行人年龄各不相同，有 60 岁出头的刘老师，和几位 30 岁左右的年轻老师，再就是刚步入社会的 20 来岁的我，真是一个奇妙的年龄搭配，可是聊天氛围却十分融洽。听着老师们讲有意思的故事，此起彼伏的笑声，让我猛然一恍神，原来我已经距离西藏越来越近了，仰头望向的这片天空也曾有一片云彩是从西藏的方向吹过来的，心跳不由得加快，这是一次和自己的对话，提醒着我，西藏，我来了！

嬉笑过后的安静总是恰到好处，回到偌大的房间，落地窗可以看远山上流动的灯光，可以聆听澜沧江拍打岸边的声响，一切的声音和旋律，是这座城市独有的，因为安静，连灯光都像鲜活的，散落在书桌上的书，是此刻最好的伴侣。这个夜晚，是属于我的，好像多入睡一会儿，就是辜负了此刻的夜晚。一点，两点，我在肆意感受这座城市的夜晚，和距离西藏越来越近的期待的心跳声。

骑行者，对西藏的告白

——在大自然面前，你是如此平凡，你只需要面对的就是自己，更是
回归自己内心的诗意与平静。

怀里揣着些许蘑菇向山坡下走，看见两三人前后骑行，一会儿又有
三五人排成一列经过，每个人身着红绿蓝色的紧身衣，在减小风阻的同时，
亮丽又醒目。鲜明的骑行车队陆续从我们眼前经过，主路的车子呼啸而过
掀起尘土，弥漫在眼前，让人不自觉侧歪脑袋，用手捂住嘴巴，抬头的时
候看他们穿行而过没有丝毫停歇。那一刻，他们越发渺小的背影，显得顽
强而又果敢。

沿途往前走就是红拉山，有座石碑刻着4448米的海拔，是个拍照留
念的好去处，往石碑走的路上，看见几个骑行歇脚的人，他们正在仰头肆
意畅快地喝着水。"帮忙拍个照行吗？"其中一个骑行者看着我走过来，
手里的手机递向了我，"没问题啊"，镜头里面他的本来不大的头被头盔
覆盖着，炫目的挡风镜在阳光直射下发出刺眼的光。我眯着眼，看见他为
了照相把原本挡在鼻梁的魔术头巾拉低到了脖子，憋了许久的脸微微泛红，
大口吸了口气，伸出左手大拇指摆了个姿势。

知道了他们一路从成都过来，途经芒康，我很好奇刚刚进藏的人都是
什么样的心情呢，就询问起他们来。其中一个骑行者放下了嘴边的水瓶，
抿了下嘴说："前阵子刚离职，给自己放个大假，来这里沉淀下，也许回
去了就知道自己想要什么了吧！"另一个骑行的人接过话来："谁说不是啊，

旅游『金三角』首选稻芒香

我是自由职业者，每次骑行都给我新的灵感，觉得身体被净化了。"我饶有兴味地听他们说着，好像是他们品过人生的苦辣酸甜之后的回甘，而骑行路上，会让这些事情慢慢发酵，最后散发出它原本的味道。

"我们今天会在这里休息一夜，明天继续出发。"骑行者一条腿已经迈上了车子，"那你们可以泡个温泉了，很解乏的。"就这样道别之后，目送着他们的背影渐行渐远，直到我回到了车里，看着车子开动后，急速向后撤的路边景色，像过电影一下"唰唰"地过去。我还在品味他们说的话，他们骑行的目的是找到自己么？

说来也是，每当在西藏看见骑行的人，我的目光总会在他们的身上多停留一会儿，就像是把自己追寻自由的心情，寄托在了他们身上，好像他们骑得越远，我看到的希望越多。可能在喧嚣的都市生活久了，物质条件相对优越，来到经济条件相对缺乏的地方，越是本真的东西就显得格外珍贵，越追求返璞归真。他们虽是万千个陌路人之中的一个，但凝聚的却是一种精神，一种行动力，表达了对西藏的敬畏，对自己达成目标的渴求。

我似乎得到了答案，旅行的路上就是见天见地见自己的过程，看到的景色和故事越多，越知道自己的内心，更倾向于那种生活方式，会如何取悦自己的灵魂。在放空自己的这一刻，你不需要考虑社会地位，也没有荣华的浮云在眼前缭绕，好似从社会关系里跳脱出来，看到的是脚下坚实的混凝土地，和总也望不到边的苍茫白云。在大自然面前，你是如此平凡，你只需要面对的就是自己，更是回归自己内心的诗意与平静。

我觉得西藏的神奇之处在于，它不单单是个旅游目的地，而是告诉你要享受过程，将自己融入进美轮美奂的大自然里，每一寸肌肤与高原上的空气相拥，呼吸之间感受鼻息倾泻出浑浊的气体，新鲜的氧气随之吸入肺部，由内而外唤醒着身体的细胞，让它们活跃起来。此刻的你，头脑是清醒的，思想是鲜活的，就像有一种神奇的力量，让你觉得自己有无限的可能，这就是只有西藏才能赋予的一种希望。

化身成采蘑菇的小女孩

——高原的奇妙，还会使人幻化成任一想象的角色，在真我与扮相之间自由地快乐切换。

说起西藏的食材，我最先想到的就是松茸，芒康平均海拔 4300 米，本来就缺乏氧气，那一颗颗蘑菇也算是吸天地之灵气了，想着今天动动手就能满足自己的胃，就兴奋得不得了，这就出发去山野里采摘蘑菇啦！

相对平坦的草原上有各种野花，种类多得叫不出名字，一行人在干湿相间的土地上走，真是不知道哪一脚就会让你下陷，穿着旅游鞋走也是不太方便，不一会儿就见了彩。不管你是什么颜色的鞋，鞋跟都万物归一染成棕黄色的。听当地人说，只有略高的山坡才能摘到松茸，大家也顾不了那么多了，都深一脚浅一脚地往山坡上爬。

大概是晨雾刚消散不久的缘故，嫩草上面都挂着露珠，像起了个大早给草儿们洒了水，让大家打起精神来，而阳光似乎还有些慵懒，柔和得不得了，透过婆娑摇曳的树叶，光线点缀着露珠，映射着缤纷的颜色，折射出一个个七彩琉璃世界，真是让人不由得感叹，早起的人儿才能看到这样的景色啊。

"啊！我发现了！"一个小伙伴惊呼了一声，像寻到了什么不得了的宝贝。大家赶忙好奇地围了过去，想看看他采到的蘑菇是个什么样儿。小小的一颗蘑菇在小伙伴的手心里捧着，有着坚挺的菌盖，像一把小伞，伞面还包裹了褶皱的细绒，下面相连的菌身，白色的躯体混杂着泥土。"对，这个就是松茸",当地人帮忙看过之后肯定地说。小伙伴欢呼雀跃地用手机拍照,记录下来今天的第一个收获。

大家也都鼓起干劲儿来,真是爬得越高越能发现松茸的影子,不一会儿遍地的松茸裸露在眼前,大家把采摘来的成果纷纷装进塑料袋,也就过了个把钟头的时间,就装满了整整两大塑料袋。"哈哈,今天午饭就是松茸火锅!"小伙伴们一呼百应,于是有了这么一顿随吃随摘的菌菇火锅。

西藏的火锅也很奇特,是一个四四方方的铁板,中间是镂空的,用来放锅子,这样可以油煎,最大限度地保留食物的形状,又可以涮来吃,好一个因地制宜,把食物原本的味道保留下来,真是两全其美。老板帮忙挑拣了可以食用的蘑菇,因为蘑菇不能用水冲洗,只是简单地祛除泥渍,这样能保护菌身的绒毛不被破坏,营养价值就能保留得完整。这种自己动手丰衣足食的感觉,使一餐饭变得格外香甜。

岗达寺僧人的驯养

——延续着自身生命的同时，也凝集了僧人们的普度之情，用一己之身，向世人展示佛的普度众生。

初闻岗达寺，知道寺庙坐落在山间，有僧人数十名，是芒康知名的寺庙，甚至还听人详细描述了"寺内驯养了野生盘羊和山猴"的真实事例，满心期待地想看到寺庙里的动物，好像因此才能证实这个骇人听闻的事情的真

旅游『金三角』首选稻芒香

实性。

　　走进院内，左首边仰头望去是几十米高的岗达寺，右首侧面是长廊，长廊外侧的石器石头砌成的扶手也就构成了院子的最外围，高悬的房梁下，红色木质的桌几和长凳，在夏日酷暑下看起来格外像个纳凉的好去处。此时，有四个围坐在桌边的僧人，似乎在交谈和歇凉，好不惬意。我没有迟疑地走上前去，僧人们似乎是看出了我步子的去向，目光齐整地向我看来，其中一位正面向我的僧人手里却没有停歇，好似在抚摸着什么，越是走近，看得越发清楚，是一只茸毛蓬松、体型硕大的猴子！

　　猴子毛色呈棕褐色，头顶和手肘、脚趾的地方颜色最深，皮毛越往肚皮延伸，毛发越稀疏，颜色也转为卡其色。僧人坐着的同时抬起左臂，顺着延伸出去的食指看，是猴子用轻攥的姿势，攥拳环绕住僧人的食指，另

旅游『金三角』首选稻芒香

一只爪子时而抓挠僧人的胳臂，时而往嘴边递着，同时嘴里似乎还在咀嚼着什么东西，俨然一副给同伴或清洗皮毛或抓虱子时的样子。这个场景我还只在电视节目的动物频道里见过，转而出现在了眼前，而且居然还是猴子的同伴换成了人，真是惊奇地让我不自觉地摇了摇头，冷眼一看，滑稽的同时又有几分乐趣。

"它多大了？"我问道。"十岁了。"后来还得知它是僧人从山上捡回来的，僧人给我看了猴子刚抱回来的照片，那是它两个月大的时候，还是短小的茸毛，全身遍布卡其色的皮毛，听完，真是觉得不可思议，猴子就在寺庙里和僧人同吃同住了 10 年时间，也是它的猴生所经历的绝大部分时间，与人一起生活和嬉耍，竟然也不自觉多了几分"人情味儿"，好似通了人的情感，用它们自己独有的方式表达和回馈。

我在书里读过狼孩儿的故事，大致讲的是还在襁褓里的孩子被遗弃，被狼救下，狼群用仅有的食物喝奶喂养孩子，日复一日，婴儿长大成为孩童，不像人类一样会说话，却能像狼群一样嚎叫，而似乎狼群同伴也能辨别他的声音；狼孩儿不但能像人类那样两腿直立行走自如，也能四肢着地，快速扑向目标，俨然一副狼的架势。这可能就是环境的力量，耳濡目染习得了动物的生活习性还有性情特质。我认为每个物种都会有自己的性情的，就像人的性格一样，物种群居也会形成凝聚力，相互影响。

只是，当某个动物混迹在人群中会怎么样呢？就像岗达寺的这只猴子。延续着自身生命的同时，也凝集了僧人们的普度之情的结晶，用一己之身，向世人展示着佛的普度众生。如我们所见，这是猴子，是布施的产物之一，有形且可见，仔细想想，也许无形的精神和力量、善念也会一直陪伴在你我身边。

旅游『金三角』首选稻芒香

与田鼠在草原上追逐

——万物有灵，因果有报。嬉戏之欢，不忘自然之美，生灵之贵，善莫大焉！

今天来到莽措湖，这个光听名字就让人觉得充满神秘气息的地方，湖水之中是否还蕴藏着传说和故事呢？我们开着车，一路随着留有车印的道路走，不想过多碾压草皮，带来更多人为的破坏，就是这么小心翼翼。因为这里还是一块处子地，被当地人熟知，对各地游客而言，还没有很高的知名度，同时也保留了这片土地的本真的样貌。

草原很开阔，有骑马的牧人，叱咤飞奔，奔腾在草原上，赋予了草原灵动的活力；还有骑摩托的人，追着风的快感，是只有这片土地能带来的畅快。不一会儿，人群集中了起来，是当地人表演的弦子舞，也是他们的国家级非物质文化遗产，盛装打扮，女士是以红色为主的头饰，散落的长发上零落着几个麻花辫，透露着精致和用心。衣服是典型的藏族服装，长身的裙子上绚丽的色彩，点亮了草原的绚烂，马头琴、弦子，在当地人的

旅游『金三角』

首选稻城香

手上像变了魔法，发出悠长的音调，编织成旋律，缭绕在远处的山间，让人久久不能忘怀，手里喝着刚挤出来的羊奶，真是感受到了草原的魅力。

表演到尾声了，想去湖边走走，下坡路总是轻松的，小心脚边的牛粪就是安全的。光顾着低头看路，猛地一抬头，莽措湖就出现在了眼前，"哇！"满眼的蓝色碧波，颜色深邃得像蓝宝石，晶莹剔透的湖光映射出山的轮廓，湖和山相映成趣。这时候，一阵风吹向湖面，湖光上粼粼的水波纹，是微风和阳光的杰作，层层的水纹吹向湖岸，湖面变得流动起来。顾不上看脚下的路，我一路小跑跑向山坡下，真是走在一个位置看到一个景色啊，湖边有色彩鲜亮的经幡，皮毛雪白的牦牛，是大自然的造物，才能将美尽收眼底，让人不禁手舞足蹈，表达心里的欢快。

就在我在湖边驻足的时候，有两个藏族小朋友奔跑时的呼喊声吸引了我，他们一个人趴在地上，另一个弯下腰弓着身子，像在配合他做着什么，我好奇地向他们走过去，他们说在抓田鼠，我很吃惊地说："田鼠？跑得

那么快，能抓得到么？"他指着鼓起来的小土包，说每个土包都会有个洞口，下面是相通的，田鼠会藏在下面，不一定从哪里跑上来，听起来很有意思啊，就像小时候玩的打地鼠游戏，不知道它会从哪个洞口出来，要考验你的反应能力和手速。

个子略高的男孩，身子低趴在洞口，一动不动地把塑料袋按在洞口，手还在敲打着地面，说用声音把它引出来。就这么等了一会儿，田鼠果然跑出来了，就是在塑料袋里快速地转动了一下，不知怎的跑走了，兴许是手滑没抓住，小男孩气得直跺脚，"哎呀哎呀"，还用藏语指挥着一个小伙伴，看起来是吸取经验再接再厉，真是让在一旁看的我都觉得很有意思。可能是挺有经验，不一会儿，他们带着战利品向我走过来，说着不太流利的普通话，意思让我看他抓到的田鼠，呆立着不动，虎头虎脑的感觉，黑亮的小眼睛也不闭，一直窸窸窣窣地动着小鼻子，好像在用嗅觉感知着周边的一切，以证明自己还是安全的。我问他们打算怎么处理这只田鼠，男

孩说："玩一会儿就放了，他是属于这里的。"我心头一暖，原本只是图
个好玩儿的事情，也会珍惜小田鼠的生命。

　　在草原上呐喊和追逐，都是很好感受草原的方式，真想深情拥抱这片
土地，告诉莽措湖，希望你很多年后，依旧被保护得很好。

旅游『金三角』首选稻芒香

温泉滋养出的幸福感

——温泉与江河水一样，都是大地母亲的血液，所不同的是，前者更加地热烈而执着。

说起西藏有温泉我是将信将疑的，直到后来亲眼见到了曲孜卡的温泉，还有露天的池子，真是不错的组合，想着晚上劳累了一天，能吹着晚风，享受着温泉解乏，真是让人跃跃欲试。

白天在小镇里转的时候，走在街道上就能听到泉眼往外冒水的声音。

旅游『金三角』 首选 稻芒香

当地人介绍说，这是冰凉的泉水，路过的游客有时候还从这里打水喝。我扭头一看是一个蓄水池，比起这个更有趣的是，看样子是刚施工结束的工人，用泉水清洗着自己身上的尘土，还有人洗完了，带着毛巾在擦拭。这一看倒好，引得一行人纷纷笑出来，这也太接地气儿了，真是一方水土养一方人啊。刚好这是一眼天然的泉眼，据说还没有得到使用，留着也是浪费，正好解决了风尘仆仆地工人的需求，真是物尽其用啊。

说来，我一直觉得有水的地方就充满了生机，就像环绕在曲孜卡小镇的澜沧江，翻涌的海浪敲击到岸边，幻化成白色的泡沫。还有大浪不时形成漩涡，汹涌澎湃的澜沧江富有张力，像流动的交响曲，奏响了这个温泉小镇的乐章。看着在建的建筑，一派欣欣向荣，真是让人不禁想象，十年之后的这里，又会是什么样子呢？

晚上大家遛弯回来，约好了在温泉边上相聚，也是没带泳衣的缘故，大家纷纷穿了短裤，穿着凉拖，坐在池子边上泡脚，真是好不惬意。那晚的夜色很美，微风浮动着柳叶，不时遮盖着月亮，让它含羞成月牙、半月的样子。我有睡觉之前喝牛奶的习惯，今儿正好儿也带了，那干脆就放在温泉池子里面呗。"哈哈哈，你这睡前还能喝个热牛奶"，老师们打趣着说。一天的疲惫转为舒适和放松，恨不能立马倒头在床上，好好睡上一个大觉，想都不用想就知道睡得会很甜，夜晚进入你梦乡的是窗外低吟的蝉，伴你轻快入眠。

第三篇
纵情山河的旅人手记

三座神山辉映下的稻城亚丁

——时值盛夏，阴雨绵绵，三座山峰包裹在云雾之中。我们希望太阳快点出来，好让我们一睹神山的真容，遗憾的是，直至离开也没见到阳光下山峰的光芒。

说起稻城亚丁，就会想起美国著名探险家约瑟夫·洛克，1928年6月，洛克和他的探险队来到了稻城亚丁地区，夜宿冲古寺，他把此次考察称为"最具神秘色彩和探险价值"的旅程。2018年7月，时隔90年后，我们也踏进了这块神秘宁静的土地，只不过我们是逆着洛克的路线走来，洛克

及其探险队从稻城亚丁的东南部木里进来，我们从稻城亚丁的西部中甸过来；洛克翻越神山到牛奶海并进入三座神山之间的腹地，我们从神山的腹地一路攀爬到达牛奶海和五色海。

稻城原来的藏语名字叫稻坝，是因为清朝四川巡抚在康巴地区推行教育和农耕改革，在稻坝一带试验种植水稻成功，于光绪年间奏请朝廷改地名为"稻城"。来稻城的理由各不同，有人想追随约瑟夫·洛克的脚印，重温传奇故事；有人被希尔顿的《消失的地平线》里美丽的世外桃源所吸引；有人因为《从你的全世界路过》的浪漫求婚场景来这里……无论来者有何种理由，都会被稻城亚丁缥缈巍峨的雪峰、绚丽烂漫的草甸、高大幽暗的杉木林、宁静高冷的高山湖泊以及古老神秘的寺院所折服，称之为地球上的最后一片蓝色净土再贴切不过了。

我们一行六人，怀揣着探索这永恒美丽世界的梦想来到了这里。17日，我们从日瓦乡（香格里拉镇）出发前往亚丁景区，乘坐景区观光车途经美丽的亚丁村，从山顶俯视下去，亚丁村被一片明艳的油菜花包围，游客络

绎不绝。继续前行 10 多分钟，到达了我们预订的亚丁大自然 4 号营地，我们这几天就住在这里。与亚丁村的人声鼎沸不同，我们的 4 号营地是独栋棕黑色藏式建筑，超凡脱俗地屹立在这里，有一方宽阔的平台作为院子，花池中的格桑花肆无忌惮地绽放着，好像在欢迎我们的到来。这里可以远眺神山，是一个绝佳的观景台。我和小伙伴们都非常喜欢这个营地，抛开简单的住宿条件不说，我们喜欢这栋藏式建筑的伟岸，喜欢它脱离尘世的宁静。

简单安顿下来后，约 11 点左右，我们继续前行，今天主要计划游览三座神山、冲古寺和珍珠海。说起三座神山，当年洛克可把大量的笔墨给了它们。这三座神山就是著名的念青贡嘎日松贡布（藏语意为"终年积雪不化的三座护法神山圣地"），其主体部分是三座完全隔开，但相距不远，呈"品"字形排列的雪峰。南峰央迈勇 5958 米，东峰夏诺多吉 5958 米，北峰仙乃日 6032 米。据说当年洛克先生遥望央迈勇，就被她圣洁高贵的气质折服，在他的日记中写到"她（央迈勇）是我见到的世界上最美的山峰"。

在三座神山的辉映滋养下，湖水、草甸、森林、溪流和牧人和睦相处，营造出一片静谧、安详的神山圣地。

时值盛夏，阴雨绵绵，三座山峰包裹在云雾之中。我们都希望太阳快点出来，好让我们一睹神山的真容，遗憾的是直至我们离开也没见到太阳公公露脸。当地人说夏季多雨，不能经常看到三座神山的真面目，但这并不影响我们继续游览的心情。下午沿着栈道（不是木栈道，是钢丝栈道），穿过茂密的森林，我们到达了仙乃日山下的珍珠海，珍珠海在藏语中意为"卓玛拉措"，是仙乃日的融雪形成的海子。密林中的珍珠海碧绿静谧，

旅游『金三角』

首选稻城香

犹如一颗绿宝石，无限清丽。沿着独特的钢丝栈道绕湖行走，仙乃日就像妈妈的怀抱一样庇佑着我们，如此之近。一路行来，虽然下着小雨，但是有雨趣而无淋漓之苦。回想洛克先生当年的描绘，心潮澎湃。忽然想起资料介绍这三座雪山佛名为三怙主雪山，相传莲花生大师为三座雪峰开光，并以佛教中三怙主：观音（仙乃日）、文殊（央迈勇）和金刚手（夏诺多吉）命名加持，因此称为三怙主雪山。相传三怙主雪山原来并不在亚丁，由于之前的所在地冰雪消融，环境退化，佛就命三位真神到亚丁去。三位真神迫于无奈只好到了亚丁，同时问佛什么时候能回去，佛说：只要石头开花、马生角、你们全身变黑，就可以离开了。这预示着生态环境的破坏，全球气温的上升和雪山融化，没有冰雪的山峰变成黑色的石头。

　　脑子里思索着这个有些许告诫意义的传说，再仔细观察我们脚下独特的钢丝栈道，栈道的钢丝网下面是郁郁葱葱的植物，各类野花争先恐后地从钢丝网里冒出来，我们幡然醒悟：它结实、耐用、透光、环保。原来钢

丝栈道的铺设相对于木栈道最大的优势在于：利于底层植物的生长，减少了栈道对底层植被的影响。就像詹姆斯·希尔顿在《消失的地平线》里所推崇的中庸之道，对于旅游景区的开发利用也应该遵循适度原则，平衡好保护和开发才能够做到可持续利用，这个能安放灵魂的世外桃源才能长久存在。

登顶之乐

为什么要登山？因为山在那里！

我为什么要登山？因为要战胜最强大的敌人——自己。

2018年7月18日上午依然淫雨霏霏，我们一早起来在大自然4号营地旁等候第一趟进景区的旅游大巴，约8点多到达洛绒牛场。洛绒牛场是我们今天行程的第一站，海拔4150米。有人说如果稻城亚丁是地球上的最后一片净土，那洛绒牛场，便是净土中的净土了。我也算是见识过不少美景了，一般的景色唤不醒我麻木的神经，但洛绒牛场的美震撼了我，无法用言语形容，无论用多美的词来形容都不过分！柔软的草甸上开满了各色野花，草甸间溪流潺潺，在草地的尽头，是巍峨洁白的雪山，很多人认为这里才是《消失的地平线》中描述的香格里拉。

　　由于我们到得早，游客稀稀落落，虽然是阴天，无法看到雪峰之巅，但宁静的四野，静静流淌的溪水，遍地的小花，使我如梦如幻。同行者高老师是一位环境哲学家，极度热爱自然，此刻她泪流满面地拥抱我。若是平时，我会笑她感情太丰富，然而，此景此情，我感同身受。因为这是我见过的最美丽、最安宁的地方。

　　我们尽情徜徉在美丽的洛绒牛场，沿着景区的木栈道一路前行，尽管洛绒牛场是亚丁景区之美的集中地，但我们更想去的地方是牛奶海和五色海，也是亚丁景区的最高点。五色海海拔4700米，据说只有20%的游客能够到达那里。当地人提醒我们，山顶天气变化异常，随时都可能遇到暴雨和大风，且在高海拔地区行走，可能会有高原反应，但我们不想退缩，都想挑战一下自己。我们此行共六位队友，明明因身体不适暂留4号营地休息，剩我们五人出行，最终决定继续攀爬的是阿飞、恒哥和我。其实能否登顶我心里并没有底，但内心深处还是想去的。

　　我们一路前行，起初是平坦的木栈道，但走到后面路越来越陡，越来越泥泞，空气也越来越稀薄，我感觉有点喘不过气来，只好走几步就停下来深呼吸。看看身边的恒哥，他嘴唇发紫，也是走走停停，步履沉重。此刻，

我的内心有些恐慌，呼吸更困难了，就像要断气的感觉。前面的路还很长且更陡，我有些绝望，开始怀疑自己是否能够登顶。队友阿飞是一个细致的人，有大量的户外经验，看我落在后面，拿走了我包里所有有重量的东西，并且因为我的包自重更大，和我换了背包，所以我只背着一个空包。阿飞走在我的前面，同样嘴唇发紫，但是阿飞给我的感觉似乎非常放松，甚至是蹦蹦跳跳的。在他的感染下，我紧绷的神经不知不觉放松了下来，恐慌慢慢消失了，进而调整了自己的呼吸，竟然感觉好了很多，信心大增！尽管坡度越来越陡，海拔越来越高，空气越来越稀薄，我倒是越走越有信心，越走越放松，深刻领会到了最大的敌人是自己的道理，体会到战胜自己的快乐！所以一步一步攀爬上去的乐趣是缆车无法比拟的，因为爬上去的过程，也许更加难以让人忘怀。队友的援助，假装不经意的放松，都是一种默默的帮助和鼓励，这种友谊难能可贵。

旅游『金三角』首选稻芒香

即将登顶的时候，风越来越大，空气也更加稀薄。我们碰到一位来自成都的58岁的老先生，感觉他快要坚持不住了。我们说您这个年龄能上来真棒，我想他一定是被我们的赞美所鼓舞，后来一路紧随我们身后，直至登顶。

我们终于登顶了！我们三个家伙欢呼着，看得出这位老先生也非常激动，加入了我们三人的欢呼庆祝，此时要是有瓶酒，我估计就会不顾后果地一饮而尽了。每个登顶的人都那么激动！我和恒哥不顾体力不济，一直从山顶下到五色海的边上，近距离感受这大自然的鬼斧神工。阿飞则走个不停，似乎这片高地的每一个角落都要走遍。

最后大家都来到湖边，今天的五色海因为没有阳光有些肃穆，我们静静地面对雪山、湖水，心底油然升起了敬畏之感。我在想，如果高老师在的话，一定会和五色海进行深度对话，遗憾的是她没能上来。

在五色海我们大约逗留了一个多小时，转而下到牛奶海，我们找了个避风的地方吃了点东西，补充了能量，开始下山。下山的时候，碰到一些

想要登顶的游客，带着期待且绝望的复杂眼神询问我们前方的路还有多远，我们不约而同地告诉他们："加油，快要到了，山顶的风景很美好，不去会后悔的！"看着他们精神为之一振的表情，我们尤为欣慰。其实很多时候，我们缺少的就是一个鼓励，适时的鼓励在人生的每一段征程中都非常宝贵。

　　有人说："登山的愉悦在于，走着走着就遇到你意料之外的、令你沉醉的事物。"花丛、森林、湖水、经幡、不知名的植物，都给予了我们未知的惊喜。也有人说："攀爬是一个关于圆满人生的隐喻，上上下下，迷失之后的柳暗花明，坎坷与平坦，攀爬中获得的力量，到达终点后的激情澎湃。"的确，登上了五色海，身体有种回归原始的自然状态。狂风的肆意捶打，冷雨的敲击，仿佛为我的身体注入了新鲜的血液，使我的内心变得如此强大！此时无声胜有声，和我的同伴们确认了眼神，不用言语，已心领神会。

　　在这次的攀爬中，我也一直在思考，在寻找我自己。我们整日过追赶时间的生活，没有停歇，没有喘息，顾不得欣赏生活中的美好，顾不得管

旅游『金三角』首选稻芒香

理自己，到底是为了什么？扪心自问，我们想要什么样的生活？单调的例行公事？患得患失、忙碌劳累？身体臃肿变形？此刻，我的眼前浮现出这样一个景象，徜徉在那自然山水间，闲适安宁，简单真实，拥有如孩童般的笑容……

小卓玛的眼神

——次仁卓玛一下子抱住了我，带着哭腔说怎么就要走了啊！我愣了一下，低下头才看到小卓玛的眼眶红了……

我们今天的行程比较宽松，据当地人介绍，沿途皆是美景。从温泉之乡曲孜卡小镇前往芒康县城，上午途经徐中乡芒康滇金丝猴国家级自然保护区，并可远眺有藏东神女峰之称的达美拥雪山。下午前往横断山脉中最大的高原湖泊莽措湖，最终目的地是芒康县城。

莽措湖是队友高老师一直心心念念的地方，还在北京的时候就收到她

旅游『金三角』首选稻芒香

查找的信息，其中有一张颇有感觉的图片：蔚蓝的湖边，有高原之舟之称的牦牛在孤独地行走，湖水清澈明净，湖周绿草如茵。确实如高老师所说，这里有一种纯净之美。未出发，心已向往之！

大部队约定 7 月 25 早上 9 点出发，沿 214 国道从盐井到芒康，汽车从海拔 2300 米的山底，翻越到 4448 米的山巅，冷艳的红拉山口到了。红拉山口是途中海拔最高点，气温在 7～8℃，冷风似乎能把身体吹透。来往的车辆停在海拔 4448 米的山口，向山下望去，蜿蜒在山腰的 214 国道若隐若现地穿梭在这近乎失实的诗情画意中，盘山而建的公路随着山势呈现出自然的曲线美。山谷间，青稞地鹅黄明艳，山体在阳光的映衬下忽明忽暗，三三两两的藏式民居错落有致地分布其间。雪山、山林、村庄、田地构成了一幅绝美的彩色画卷，让人流连忘返。

据说"拉"在藏语里是"神、佛"之意，一如拉萨就是"神佛所在地"，红拉山垭口遍地为彩色的经幡所覆盖，显得冷艳而神圣。早在出发前就了解到红拉山属于芒康滇金丝猴国家级自然保护区，这里 1985 年被确定为自

然保护区，后经科考队考察，确认当地百姓称之为"准察"的滇金丝猴是世界濒临灭绝灵长类动物，1992年被西藏列为自治区级自然保护区。2002年晋升为国家级自然保护区，更名为芒康滇金丝猴国家级自然保护区。这里距离芒康县城60千米，海拔从2300米到4448米，不同海拔分布着不同植被。由于红拉山海拔差距大，立体气候明显，分布着高山栎、高山柳、红柳、高山松、澜沧黄杉以及红豆杉等珍贵林木，是研究动植物的基因库。沿214国道一路走来，在这里可饱览"一山有四季，十里不同天"的立体自然景观。

尽管这里有得天独厚的自然资源，然而我却有些失望，遍寻周边，偌大一个国家级保护区，除了一个观景平台，没有看到任何环境解说教育的信息，这可是实实在在的天然博物馆。珍稀的资源并不是要绝对地保护，而是需要让世人知晓其珍稀的价值，用心去热爱才可以促进保护，这也是保护区开展生态旅游的意义所在吧。

　　在小伙伴们一番拍摄后我们就向莽措湖进发，沿途真是一场视觉盛宴。走过高山峡谷，穿行在一碧千里的草甸上，草甸开满了各色野花，成群的牦牛和羊群，安静闲适地在吃草。这幅景象不自觉地使我们忘却了喧嚣的世界，忘却了烦躁的心绪，一份宁静与平和已入驻心田。

　　中午时分，我们到达了莽措湖。一个宁静甜美的湖泊呈现在我们眼前，就像是一块晶莹剔透的翡翠镶嵌在了青山草甸之间，湖岸周围是翠绿的高山草甸，花香鸟语，洁白的羊群在悠闲地吃草。据考证，莽措湖是高山冰川湖泊，是横断山脉中最大的高原湖泊，位于芒康县中部莽岭乡境内，距离县城 85 公里。莽措湖海拔 4313 米，湖泊水域面积达 20 多平方公里，湖水最深处达 21 米。湖中鱼类资源丰富，这里栖息着黑鹤、白鹤等国家一、二级保护动物。藏族同胞们说这里是最接近阳光的地方，空气因而透明，莽措湖也是当地人心中的神湖，被认为是最接近神灵的地方。援藏干部介绍，莽措湖是当地的水源地，藏族同胞们就像保护眼睛一样保护着湖水，

经常自发前来清理垃圾和一些杂物，用转山转湖的方式表达对神湖的敬畏，这种对自然的敬畏崇拜保护了当地的生态环境。

　　每次看到美景都容易走神，当我回过神来，发现这里热闹非凡。我们的来访在当地是一件盛事，藏族同胞身着节日的盛装欢迎我们的到来。在花香鸟语中，汇合着牧民们豪气爽朗的歌声和优美的弦子舞，使人心旷神怡。我的队友们都被美景所感染，四下撒欢去了。我由于身体不适，只能坐在藏民们搭建好的帐篷边看着队友们在四处欢呼奔走，尤其是高老师，头也不回地径直到了遥远的湖边漫步。这个场景恰如她所推崇的法国哲学家让·雅克·卢梭在《一个孤独漫步者的遐想》中所描绘的状态："我从高处走下来，随心所欲地走到湖边……波涛拍打沙滩的声音和湖水的波纹让我的感官沉静得宛如入定，它们能驱走我灵魂中一切其他的波动，让我沉浸在甜美的遐想里……在这种状态下，灵魂可以获得足够踏实的依靠，完全地放松休息，并凝聚起自己全部的生命气息，不必回忆过去，也不用

旅游『金三角』首选稻芒香

跳跃到未来；在这种状态下，时间对于灵魂没有任何意义，此时此刻就是持续的永恒，既不会让人感觉到时间的存在，也没有任何时刻接续更替的痕迹。既没有失去，也没有享受；既没有快感，也没有痛苦；既没有欲望，也没有恐惧……身处这种状态的人是幸福的。"

我多么想去撒欢，但我只能坐在帐篷前的地毯上休息。这时有几个藏族小女孩在旁边打量着我，高原红的小脸蛋，清澈无杂质的眼睛，见我注意到她们，赶紧害羞地望向别处。我鼓励她们坐到我身边来，和她们聊起了天，这几个孩子都在读小学，也会说汉语。其中一个叫次仁卓玛的女孩子紧靠着我坐着，非常清秀，我喜欢一切美的事物，包括人！我告诉她们我是大学老师，她们用藏腔藏调的汉语崇拜地惊呼："啊，你是大学老师！"那几天正好是大学的毕业季，我把手机里校园的照片和同学们的学位照给她们看，给她们讲大学里的学习故事。她们一个个带着渴求的小眼神，紧紧围着我，似乎要把外面的世界一下子全部了解到。这时，刘老师招呼我

说该上车了，我站起身，和小姑娘们说再见。令我没想到的是，次仁卓玛一下子抱住了我，带着哭腔说怎么就要走了啊！我愣了一下，低下头才看到小卓玛的眼眶红了，她舍不得我离开，多么淳朴的感情！一旁的刘老师被这一份淳朴的感情感动得流下了眼泪，我的灵魂被震撼到了！

我们长期生活在大城市的人，早已远离了这种温情，行走在熙熙攘攘的街道上，每个人都行色匆匆，板着脸孔，无暇去放慢脚步来欣赏路上的风景，对陌生人更是心存戒备，哪来的温情！到底是什么原因让我们这些"城里人"远离了温情？是自然缺失症，还是其他？

我们驱车离开莽措湖，望向挥手告别的纯朴乡民。蓦然，孤独感悄然涌上我的心头，我想起了那些过着淳朴生活的人们，他们过着世外桃源般的日子，几乎不与外界来往，对大都市的生活更是陌生。在经过一处转弯处时，我回头朝莽措湖望了最后一眼，这时，我眼前浮现出那里善良、纯朴的村民的形象，回想起那些盛装欢迎我们的藏族小女孩，围着我听我讲

旅游『金三角』首选稻芒香

旅游「金三角」首选稻芒香

述北京的大学校园的故事，那向往的表情；回想起次仁卓玛舍不得我离去哭泣的小脸庞，我的眼眶不禁又一次湿润。这应该就是那么多人无惧高反、坚持进藏的原因吧，因为这里有一片让人向往、充满温情、让人牵挂的净土。

夜宿藏地印象酒店

——夜深了，我回到房间，推开窗户，眼前的金沙江江水平静，两岸灯火阑珊。有人说"看得见风景的房间，永远都在等待着你去推开它的那扇窗"。

从德荣奔赴奔子栏的路上，沿着214国道一路前行，路上时有新近塌方和滚落的石块，令人胆战心惊，不过就算道路颠簸，大家依然有说有笑，再次印证了"和对的人出游是何等重要"，恋人之间如此，朋友结伴出行同样如此。我们一路盘山而下，今天的目的地奔子栏镇位于金沙江西岸，

奔子栏以上的金沙江汹涌奔流，以下一段江面则豁然开阔，江水平静。由于这里是干热河谷气候，以至于我们从德荣一路走来，感觉越走越热，快到奔子栏更是感到酷热难当，竟然有蝉的鸣叫声。车子在山间公路上行驶，左侧是悬崖峭壁，右侧是深谷中的金沙江。当公路与江水平行时，但见两岸突兀的高山脚下，一个繁华、绿树成荫的小镇逐渐映入眼帘，犹如沙漠中的绿洲。我们禁不住欢呼，对岸就是德钦奔子栏了！这就是我们今天的目的地。

奔子栏藏语的意思是"美丽的沙坝"，地处川、滇、藏三省区交界处，从古到今都是重要的交通要道。从这儿往西北行即可进入西藏，逆江北上，即是四川的德荣、巴塘；沿金沙江而下，就是云南的维西、大理；往东南走，则是香格里拉县及丽江。奔子栏渡口是滇藏"茶马古道"上有名的古渡口（清政府曾在此设渡口，并设有驻兵），也是"茶马古道"由滇西北进入西藏或四川的咽喉之地。如今，奔子栏已修建了横跨金沙江的公路桥——"金

沙江湾桥"，给两岸人民的交通运输提供了极大的便利。据资料介绍，这里生态环境独特，属于青藏高原和云贵高原之间的过渡带，被世界自然遗产地的专家称为"世界奇观"。江边为干热河谷气候，干旱炎热，而在山区则严寒多霜，虽同在一个地区，但气候多变迥异，有"十里不同天"之称，也是"三江并流"世界自然遗产区域气候多样性的一个典型。

夜宿藏地印象酒店纯属偶然，原本携程帮我们订了另一个酒店，但大家对酒店不太满意就一致决定换一家有特色的。我们迅速在大众点评网上搜索，找到了藏地印象酒店，大众点评有时候真是个好东西，上面评论说"本来以为这么便宜的酒店不怎么样，但是出乎意料的好"，所以我们决定去碰碰运气。藏地印象酒店就位于214国道路边，背靠金沙江。我们一进入大厅就爱上了这家客栈，木质结构的房子，增添了几分古色古香。精致的

旅游『金三角』首选稻芒香

藏式装饰，使人感受到浓浓的藏式风情。大厅前台没有人，从隔壁的房间寻到了一位姑娘，替我们办理了入住手续。由于客人少，主人很贴心地把我们都安排在不临街的房间，也就是北边，面朝金沙江。我们的房间也着实让人惊艳，房间很大，装修设计一流，房间有三面落地窗，窗外214国道、山景、江景和园景一览无遗。客栈后院还有一个美丽的花园，花园里有茶室，完全是一个藏族庄园式的精品酒店。

　　放好行李，我来到楼下。每到一处，我都喜欢看看周围的新环境，一则好奇，二则想了解一下周围有什么树木和花花草草。我惊讶地发现，客栈对面的山坡上，竟然覆盖着一些"异国植物"——仙人掌！在常人的印象中，这里不太可能有野生的仙人掌。或许是两个世纪前，西方传教士的引种痕迹，毕竟这里的干热河谷气候，很适合这种热带植物生长。根据洛克先生的记载，这些仙人掌是一种源自北国的仙人掌属植物，被飞鸟传播到云南，这些鸟以这种不能消化却无害的仙人掌的种子为食。我查阅了一下资料，《生物多样性》杂志中一篇名为《金沙江上游干旱河谷植被》的论文中写道："根据对该河谷区域的气候特点、干旱程度、植被特征（植

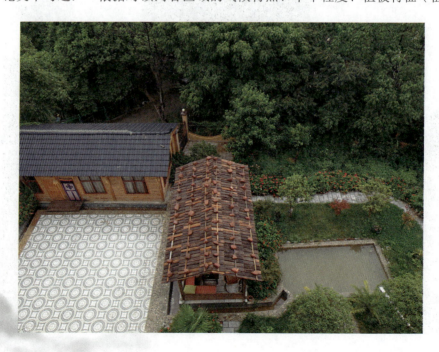

株矮化、叶片小、植物毛被发达、植株具刺、部分植物有吸湿反应性特征等）的分析，综合植物群落的外貌、结构、物种构成和植物形态，可以确认金沙江上游干旱河谷植被具有亚热带荒漠植被类型的特征。"亚热带荒漠植被类型以仙人掌科、龙舌兰科、大戟科为主，这里有野生的仙人掌也就不奇怪了。只是出现这类植物让我有种异国他乡的神奇感觉，这也许就是自然给予我们的奇妙体验。

吃过晚饭，我们约好去后院的花园喝茶，刘老师带了上好的铁观音。老板的女儿卓玛拉姆楼上楼下地为我们准备茶具和开水，拉姆（拉姆在藏语中是仙女的意思）去年刚从丽江一所学校毕业，20 出头，非常腼腆厚道，汉语说得不错。

高原夜话开始了……我们一行六人，其实彼此并不熟稔。我虽然和阿飞、恒哥是同事，但平时也是忙忙碌碌，没有时间坐下来深聊过；和闺蜜高老师也一样，只是偶尔通过虚拟空间沟通，并未朝夕相处过。但经过这么多天的旅程，竟让我们有着家人般的感觉。恒哥扮演着带头大哥的角色，总揽大局，一切都不用我们操心。就像高老师第一次见到恒哥时对他的评价，"是一个品质极好的人。"阿飞是旅行达人，细致勤快，头脑清晰有

旅游『金三角』首选稻芒香

责任心，善于解决各种难题，一路还充当着我们女士的行李搬运工，让我这个对外界环境较敏感的人彻底放松了下来，连坐小轿车的心理恐惧症也几乎克服了，这是我始料不及的收获！记得在途中遇到修路堵车，我们下车走了一段，后来在途中我突然找不到手机了，我断定是掉到路上了，急出一头汗。阿飞说别着急，我一定能帮你找到，一句话瞬间让我安下心来。高老师和我朝夕相伴，她的感性和善于表达时刻感染着我们，时不时让我们激情澎湃，开怀大笑，带来诸多欢乐。刘老师是一个讲究生活品质的人，也是颇有童心易于沟通的一位绅士。明明是个好脾气、懂事、美丽的女孩子……景色固然重要，但这些人，这些事，必将铭记心中。

　　夜深了，我回到房间，推开窗户，眼前的金沙江江水平静，两岸灯火阑珊。有人说"看得见风景的房间，永远都在等待着你去推开它的那扇窗"。其实，每个人心中都是自有一派风景的，"那里春风沉醉，那里绿草如茵！"此刻，与队友共同经历的一幕幕是我心中最美的风景，明天必将又是一段美好的旅程，丰富我内心的风景。

善妙芒康，尽在宗西

这是一片美丽富饶的土地，十里不同天四季现，

神奇曲孜卡人间仙境，莽措湖水碧波荡漾，迎来东西南北四方客。

这是一片蓬勃发展的土地，弦子之乡闻名天下，

神奇尼果寺动物乐园，美拥雪山闪耀着银光，迎来东西南北四方客。

——芒康歌曲《人杰地灵的芒康》

一

迎着清晨的霞光，我们一行四人驱车前往芒康县宗西乡采风。前一晚当地县领导考虑到路况问题，特意调用了县政府的丰田越野车，并安排由男同胞组队，于是就有了藏族老司机、县旅游局干部小汪、新闻专业硕士研究生小朱和我这个中年油腻大叔四人组成的"男人帮"。

宗西乡，位于芒康县城嘎托镇东北方向，辖宗西村、宗荣村、达拉村及通古村四个行政村，27 个村民小组。乡政府设在宗西村，海拔 3680 米，距离县城 65 千米，属半农半牧乡。

我们沿着 318 国道往东行驶了不到 10 千米就进入了施工改造中的颠簸山路，前半段行程沿途都是茂密笔直的青冈木林，小汪告诉我们当地藏族居民只采食这种树木生成的木耳，晒干的木耳价格不菲，食补价值极高。

看腻了青冈木林海，话题就转到了此次采风的主要目的地——宗西乡藏传佛教宁玛派的三座寺庙。由于对藏传佛教主要教派知识不甚了解，我向小汪仔细询问了这些寺庙的相关背景情况。小汪之前在县民宗局工作过

一年多，宗教知识足够应对我这个门外汉。

小汪告诉我宁玛派是西藏佛教中本教文化气息最浓且最具有藏族民族特色的宗教流派。"宁玛"一词在藏语中是"古旧"之意。就"古"而言，宁玛派是莲花生大师开创的，是历史最久、最古老的一派；从"旧"来看，宁玛派是以传承弘扬土蕃时期所译旧秘典为主要内容，所以称为旧派。

看我听得云里雾里，小汪笑着补充道："其实还有一个特别好辨识的标志，宁玛派僧侣都是头戴红色僧帽，所以也被俗称为'红教'或'红帽派'，就像你们北京的雍和宫等一些藏传佛教寺庙被称作'黄教寺庙'，其实属于另一个教派——格鲁派，这一派僧人是戴黄帽的。另外，宁玛派寺庙的寺院墙壁都是红色的，这也是一个主要的识别特征。之所以选择这条线路，也是因为宗西乡的寺庙数量在芒康最多，每个村子最少有一座。等一会距离村子近了，你们就会看到不同教派的寺庙，可以印证一下刚才我说的区别。"

哦，我豁然开朗，于是迫不及待地又开始留意起窗外的风景和远处隐约可见的白塔。这时候，我才发现盘山路愈加崎岖、道路持续颠簸，而且弯道急陡，青冈木林渐渐稀疏，眼前只剩下了蓝天白云和四周险峻的山体，突然一股恐惧感袭来，我不由得瞄了藏族司机师傅几眼，他还沉浸在车载音响里播放的民族歌曲的动听旋律里，身体仿佛随着音乐在左右摇动。小汪看出了我的心思，忙笑着说，这是我们单位最有经验的司机了，开得快而且稳，要是换个师傅，恐怕你们早就被颠晕颠吐啦！

二

按照行程计划，我们采风的顺序是先去多拉日追寺和色登寺，第二天去尼果寺，然后返回县城。然而由于道路施工，去往多拉日追寺的路封闭了，我们临时决定改道先去尼果寺。

县民宗局提供的资料信息里是这样介绍该寺的：

尼果寺为宁玛派的重要寺庙，海拔 4250 米。"尼果"藏语即"神山之冠"之意。该寺有莲花生大师的佛像和他的灵塔。公元 17 世纪中叶，该寺由喇嘛吉尊曲扎加措创建，尼果寺的玛尼堆规模很大，方圆两三公里，内容丰富，历史悠久，雕刻艺术高超，具有较好的历史、考古研究价值。由于尼果寺是藏传佛教著名宁玛派高僧修炼之地，宗教遗迹遗存较多，有很多自然形成的高僧佛像、大师宝座、经文，还有白度姆、莲花生大师佛像、脚印、过去佛的神马等。除此以外，这里还栖息着几千只岩羊、雪鸡、雉鹑、藏马鸡等国家一、二级野生保护动物，它们与当地僧尼和睦相处。僧尼每天都用盐巴（盐井古盐田的盐）、青稞等食物喂养它们，是一处人与动物和谐相处的人间仙境。尼果寺可以说是一方精神的乐土，既是纯真和质朴的领地，又是佛法修炼的吉祥之地。

果然，去往尼果寺的路上丛林密布，间或有溪流，沿着山路越往高处开，感觉越接近天外仙境。临近中午，我们终于到达了尼果寺，车停在一个堆满木料的空地后，我们下车休息。

这时，藏族司机突然指着对面山坡上喊着："快看，岩羊！"我们赶忙朝着他手指的方向看过去，定睛看了几次才看清楚。

关于岩羊的形态，来前我还专门查阅了相关资料，它又叫崖羊、石羊、青羊等，形态介于绵羊与山羊之间，但角不盘旋。体形中等，一般体长 120～140 厘米，肩高 70～90 厘米，体重为 60～75 千克。上体毛色青灰褐色、褐黄灰色、褐灰色，一般四肢前面及腹侧带有黑色纹。正是因为岩羊的皮肤颜色与山体颜色非常接近，而且身形不大，所以对于我们长期生活在内地的人来说，辨认起来还真是有点儿困难。

趁着搜寻岩羊的工夫，小汪告诉我们，之前有几拨人出于商业目的想向僧人求购被雷电击中的死羊，僧人却坚决不答应，我和小朱默默点着头赞许。

顺着岩羊移动的方向，我才仔细看清楚尼果寺的周边环境，这座寺院由于建在人迹罕至的深山之中，山地地形造成这里较之平地寺院的可进入

性要差很多，所以这里的建筑基本都是依山麓而建，并不对称，正殿的白色外墙局部露出棕色的黏土，与四色的台阶对比十分强烈，四周也没有围墙和侧殿，加之殿墙外和殿前空地堆放着许多长长的木材，缺少一些庄严肃穆的仪式感。之前来过这里的小汪看出我们多少有些失望，忙告诉我们说尼果寺正殿里供有一座接近 10 米高的佛像，造型逼真，非常具有观赏价值。接着他用电话联系僧人开门让我们参观。少顷来了一位年龄在 30 岁上下的僧人，他不懂汉语，只能跟藏族司机交流，我们都很兴奋，想着就要进去了，也不枉舟车劳顿一番。可是对话一阵过后，藏族司机师傅告诉我们负责看管钥匙的僧人外出了，不知何时能返回，于是我们只好悻悻地在正殿四周边逛边等。

正殿对面，也就是堆放木材的后面，同样依山势散落着几座古旧的房

子，间或走进走出几位僧人。小汪告诉我们："这些房子在藏区称作'扎夏'，西藏许多寺院下设若干个康村，也就是寺庙学习经文的基层僧团，他们所住的建筑就是'扎夏'，一般由僧舍、厨房、小经堂、内院辩经场以及各种库房组成。这里的'扎夏'不算很大，主要都是僧舍和小经堂。等你们到了色登寺，就知道什么是真正的'扎夏'了，那就是一个依托寺院逐步建成的小型社区，除了这些，还建有医院呢。"

这时，最左侧"扎夏"下面一个不太起眼的白色佛塔下几个正在转经的藏族老人吸引了我们的注意力，本想过去打个招呼攀谈一下，但看着他们专注虔诚的样子，又不忍心打扰，于是相互点头微笑示意后，我们就顺着转经塔缓步环行观赏四围的转经筒。仔细一看，才发现区别，这里的转经筒并非常见的金属质地，而是用动物皮包裹着的，由于风吹日晒，磨损较为严重，非常有年代感。小汪告诉我们，现在还保留着羊皮转经筒的寺庙已经非常少了，这至少可以算得上是县级文物了。绕塔一圈，我们才发现背阴处的一面竟有另一个小世界：有一个岩羊家族正在此驻扎，有做蹲守发呆状的，有顺意溜达的，都好不自在。看着它们一个个貌似酒足饭饱的样子，我们这才意识到跑了半天还没有吃午饭，都觉得饿了。

旅游「金三角」
首选稻芒香

旅游『金三角』首选稻芒香

于是，大家回到停车的空地，司机从后备厢拿出两个大的食品袋，一包是雪白的大馒头，一包是卤肉和猪耳朵，小汪也拎出了一箱牛奶。原来藏区干部在下乡考察工作过程中，经常因为特殊情况错过饭点或无法准时到达目的地，所以一般在车上都备着熟食。于是我们席地而坐，欢吃起来。刚才那个僧人也凑了过来，我们让他也一起吃，但他只接过司机递过去的牛奶喝了起来。由于常年的户外生活，僧人的实际年龄辨识起来很是困难，他告诉我们他 30 岁了，但看起来不太像，这时司机师傅告诉我们藏族的年龄是把母亲怀胎十月的时间也计算进来的，因为那时候生命已经萌芽了。确实如此，这样的计算才够科学。我们想了解一些尼果寺的历史演进情况，司机帮忙我们翻译提问，但很可惜他只能通过微笑来作答。我们的战斗力还不错，一会儿工夫，大半袋馒头和肉食都没了，眼看着开门的僧人归期无望，我们决定在主殿后面的小山周围拍一些照片就动身去下一站的寺庙了。

旅游「金三角」首选稻芒香

主殿后面的小山并不大，但却是观赏自然美景的好地方。对面山路上有几只牦牛在悠闲地漫步，近处坡下草丛中隐约闪现着几个黑色的斑点，这时司机嘴里突然发出"喽喽喽"的声音，像是在呼唤着什么，我们正在纳闷，突然黑色斑点大了起来——是几只野山鸡，顶着血红色的鸡冠，个个膘肥体壮。原来，司机是在吸引它们的注意力，招呼它们过来取食，同时拿出来剩下的馒头，掰成小块投过去。我们其他三个人眼看着它们距离近了，赶紧抓拍起来。一阵噼噼啪啪过后，野山鸡也啄食完了馒头没入了草丛。我们回到车上，翻看着手机和相机里记录下的岩羊和野山鸡有趣的瞬间，略有遗憾地驶离了尼果寺。

下山的路上，我一边看着窗外相隔不远就会出现的大小不一、布满经幡的玛尼堆（藏族同胞用各种石块、石板和卵石垒成的"祭坛"），一边在想，像尼果寺这样位置偏僻的寺院在藏区应该并不罕见，藏族的修行，是身体与精神的双重磨炼，而这些玛尼堆就是最好的见证物。通过这些仪式性的祭祀活动，向善和为善的价值观已然深深植入每一个藏族人的心灵，无时

无处不在，潜移默化地规训着他们的日常行为。很快，司机两个"铁汉柔情"般的小举动就印证了我的想法。

旅游「金三角」首选稻芒香

一路下山，依然空气清新、满眼绿色，司机打开车窗让大家呼吸大自然的气息，这时一只大黑苍蝇飞进了车内，在他眼前来回萦绕，小朱建议"关窗灭蝇"，可司机只是摇摇头，一边用手温柔地将苍蝇"护送"出车窗，一边跟我们说，苍蝇也是有生命的，不可以随便地杀生。这时，我才恍然大悟，进藏几天来无论是在餐厅还是藏族同胞家吃饭，苍蝇在饭桌上空飞来飞去，大家却熟视无睹，原来如此啊！

下山跟来时几乎一样，只偶尔会了两次车，想着应该看不到行人了，前方突然出现一对站在路边张望的藏族母子，我们的车没有减速开了过去，小朱不禁回头望了一眼，顺嘴说道："路上居然看到人了，是不是也要下山啊？"

我也附和着说道："要不要搭他们一下啊！"

"可以吗？"司机睁大眼睛问我们，小汪也笑着说会不会太挤了，我和小朱一起回答说："不会不会。"

"那好，我们把他们拉上！"说着司机就把车停在路边，亲自下车招呼后面的母子上车。上车后，就跟母亲用藏语聊了起来，开出去 10 多分钟，他们就在一个路口下了车，跟我们挥手道别。

重新上路后，司机告诉我们，这对母子是上山采松茸和山蘑的，他们住在下面的村子里，走上来用了将近半天的时间。此时，我的眼前突然浮现出刚刚不久前在香格里拉露天烧烤时桌上放的那盘白白的松茸，紧接着不自觉地舔了舔嘴唇，仿佛在回味松茸入口时的鲜美滋味。而这颜色和滋味，不正代表了藏族同胞的纯朴和善良吗？！

三

看着眼前出现了一座石桥，记路能力很强的我知道，上午途经的那段封闭的路段就要到了，心里不由得一紧，去往多拉日追寺的路通了吗？

拐上主路，定睛观瞧，哈哈，通了！真是吉人自有天相，车到山前必有路！

　　在重新通车的路上开了大约半小时，前面出现了一条主街，小汪告诉我们宗西乡政府所在地到了，我们要先到乡政府，那边有对接的同志再带我们去后面两座寺院，而且也正好可以下车"唱唱歌"。

　　早就听说西藏基层的办公条件不好，有了一些思想准备，但亲身体验加上小汪的介绍，这里条件之艰苦程度还是着实让我吃了一惊，不仅仅是因为乡政府旱厕的味道，更是因为这里居然还没有通电，乡政府要靠自己发电解决办公用电问题。此时，我才真切地理解了重庆在芒康县挂职的援藏干部王副书记告诉我的话，我们在县城所住的格萨尔酒店是全县目前唯一提供洗浴下水系统保障的地方。不由得暗自思量，如果让我在这里挂职生活三年，我能否坚持得下来。说实话，对于有着一年基层挂职经历的我而言，答案还真是有些不确定。此时，又想起这几日在芒康刚刚结识的，为我们此次采风提供服务工作的县委办公室高副主任和纳西乡陈副书记，他们一个是甘肃人，一个是云南人，都在西藏读大学，然后留在了这里。在聊天中我也得知，陈副书记去年刚在云南结了婚，妻子仍然在老家那边生活工作。王副书记告诉我们，西藏这里干部夫妻两地分居的情况十分普遍，加上孩子、老人甚至不少家庭更是三四地分居，而这一分可能就是十年八年，再次团圆，很可能就是退休的时候了。这一个个鲜活而平凡的真实案例，都可以谱成一曲曲可歌可泣的人生赞歌！

　　"唱歌"过后，我们一起围着车闲聊等人，这才发现车身已经满是灰土和泥浆。师傅告诉我们，从这里到下面的两个寺还需要一个多小时，几乎全都是颠簸的土路，我和小朱会心地一笑，忙说没有问题。

　　这时，乡政府门外响起了喇叭声，一辆黑色的越野车正停在那里。小汪招手让我们上车，我们的车跟着这辆车继续往土路深处开去。

　　前面的车速度不慢，卷起阵阵黄土，我们只得关上了车窗，悠扬的民族歌曲又开始回荡在车里，我们又开始进入了左右摇摆的"载歌载舞"乘车状态。车在平地土路上颠簸了大概五六首歌的时间，开始进入盘山爬坡

旅游『金三角』首选稻芒香

模式。车沿着像盘香一般的山路一圈圈向上攀升，视野越来越好，窗外的景观与上午全然不同，突然间我竟然有一种置身于黄土高原的感觉，但突然出现的阔叶植物又告诉我，这里不是漫天黄沙的大西北，也听不到苍茫悠远的信天游。

经过最后几次接近180度的转弯上坡冲刺，大约在下午四点，我们到达了此行的第二个目的地——多拉日追寺。

车停在一个"小院子"门口，驻寺干部和几位僧人已经等在院门口了。下车才知道，前车上带队的是段文斌乡长，他操着一口我想当然以为是的西藏普通话（后来小汪告诉我段乡长是山西籍的汉族干部，久在藏区工作，就形成了现在这种独特的口音）给我们做了简单的介绍。原来多拉日追是一座觉姆寺（藏区把女性出家人称作"觉姆"，就是尼僧或尼姑），所以驻寺干部也是两名藏族女同志，这个院子是寺管会的办公区域。

段乡长一边招呼我们进院子，一边说本来计划午饭是在这里吃的，驻寺干部也在一旁热情地告诉我们饭菜早就准备好了。进屋一看，果然，满桌的饭菜，还有热腾腾的酥油茶。虽然是七月夏季，但由于海拔和地貌原因，屋里很凉快，准确地说，是有点冷。落座后，一位觉姆就开始挨个给每个人盛米饭，我实在吃不下，只接过了一碗酥油茶。茶不像刚入藏时在曲孜卡的拉贡寺里喝的那样醇厚油腻，对我而言，再合适不过。

段乡长对这里很熟悉、很亲切，边吃边跟几位当地的干部聊了起来，我从他们的对话中得知这里的条件非常艰苦，自然条件自不必说，生活条件更不便利，蔬菜和肉食都是根据天气状况一两周运上来一次，即使如此，寺里也不忘每次都请送菜人为常在后山一带活动的岩羊群带适合它们食用的红盐巴，特别是在大雪封山的时节。而且驻寺的干部一般两三个月才能回县城一次，天气情况恶劣就更不好说了。聊天过程中还发现，这位女干部居然和我们的司机师傅是邻居，他们住在县城的同一栋家属楼里，可见一面却是在相隔百余千米的这座"寒山寺"中，也是一种另类的缘分吧。

吃过丰盛的"午后茶点"，我们开始在女干部以及两位女僧人的带领下参观这座寺院。走出小院子，旁边就是寺的正殿，比起这几天在芒康去过的那些寺院正殿来，显然这里完全称不上雄伟和高大。我们照旧进去走了一圈，快出门时发现角落里蹲坐着一个年长的老人，准确地说，是一位男性长者。我愣了几秒钟，恰巧被那位女干部看到，她凑过来低声告诉我说这是寺里收留的一位孤寡老人，我不由得点头赞许。

从正殿出来，沿着旁边的一条小路走进树丛，上了几道山梁，不远处出现了一座不太起眼的"小屋"，随同我们一起的一位年长的觉姆为我们打开了门。原来这里是只对山下村里修行达到一定程度的藏民开放的佛堂，今天是特意为了我们打开的。比起我和小朱的"淡定"，先后在民宗局和旅游局工作过的小汪显得更为"兴奋"，他在佛堂里从不同的角度用自己携带的大块头相机拍摄"特写"。

结束芒康的采风已经有半年多了，除了他那黝黑中透着坚毅与乐观的脸庞，我还清晰地保留着对他的两个深刻的印象。喜欢拍佛堂，这是我对他的第一个印象。第二个嘛，卖个关子，稍后再揭晓。

那位开门的老觉姆耐心地等着小汪尽兴地拍完他的作品并把门锁好后，微笑着示意我们继续往上爬。如果说参观殿堂是例行公事，那么观赏石刻群，就是我们来多拉日追的重点任务了。

关于多拉日追石刻群，传说这里是文成公主进藏时的一个驿站，她在梦中梦到神佛降临此地。第二天早上，文成公主烧香祈祷，祝愿此地成为神城。从此，这里的石头就形成了各种佛像，久而久之，自然成像与人工雕像巧妙结合，就逐渐形成了这一处汇聚汉藏民族艺术精华的奇特景观。多拉日追石刻群 2006 年由自治区文物局和地区文化局共同发现，由 200 余件高浮雕石刻组成，最小的高 49 厘米，最大的高 150 厘米，雕刻内容有八十大成就者、大日如来、无量光佛、祖师像和铭文等。根据专家鉴定，该石刻群规模在西藏首屈一指，极为罕见，而且汇聚了唐宋元明清各个时期的石刻作品，历史跨度达千年之久，堪称西藏的"露天石刻博物馆"，它也是西藏迄今为止发现的最大的高浮雕石刻群。

　　石刻群散布于寺的后山上，山势不算太陡，但由于海拔的关系，走起来还是有些喘。走到半山腰的时候，突然下起雨来，雨势不大不小。女驻寺干部一边叮嘱我们小心脚下，一边给我们讲解着不同石刻聚落的内容和典故，她娓娓道来、如数家珍，也不忘给我们制造一些旅游体验必不可少的"小惊喜"，一会儿带我们到一处途经的山石顶部饮用号称可以包治百病的神水，一会儿又带我们穿越据说只有善良的人才可以通过的石洞。在她营造出的极具感染力的氛围中，大家竟然都对越来越大的雨势毫无知觉。等到穿着的速干冲锋衣几乎被雨完全打湿，我才感到身上一阵阵的凉意袭来，奈何没有雨具，也罢，享受一场天浴也是不错。于是，我抖擞精神，继续跟随大部队前行。

　　"顶着吧！"刚才那位给我们盛饭的觉姆不知道从哪里摘下来一个大树叶给我挡雨用，我看盛情难却，连忙道谢并接过这个天然的"雨伞"盖在头上。对于像我这样平时不太喜欢戴帽子的人来说，确实有点勉为其难。

不过情况特殊，权当消遣工具吧。果然，一阵风过来，"雨伞"差点被吹掉，我赶紧双手扶住叶子的两边，举着胳膊往前走。显然这种姿势影响了步行的速度，更何况还是在海拔超过3000米的高原上，雨天仿佛也让呼吸失去了平时的顺畅，加之还得小心脚下起伏且开始有些打滑的石板路，我慢慢脱离了大部队。而这时我注意到还有一个人也落在了后面，不用说那自然是小汪，他一直在饶有兴致地拍着每一个石刻，就像是一个真正的考古学家。

雨还没有停下的意思，而且石刻群也基本都看了一遍，女干部建议返回室内休息，让另一位身材高一些的觉姆领着我们后面的几个人从另一条较为平缓的山路返回。我看了一下，小院子就在视线的正下方，按我的速度，应该10分钟之内就可以到达，于是我就随手丢下了刚才一直顶着的那把"雨伞"，开始跟着她下山。

大概 20 分钟后，我们终于回到了"大本营"，段乡长他们已经回来一会儿了，正在喝茶聊天。

"怎么才回来？"女干部有些诧异地问道。

"我们转山了，就迟了一些。"小汪答道。

原来，为了安全起见，我们不仅走着 S 形曲折下山，而且还按照藏民转山的习惯把剩下一半的山也绕完了之后才回到山下。路上这位觉姆并没有解释，我当时也有些纳闷，怎么眼看着院子就在脚下，可走着走着就看不见了，回到屋里，听小汪一说我才恍然大悟。在来芒康的路上，同行的阿飞就向大家详细介绍了藏地的神山以及他听说的一些藏族同胞转山的感人故事，今天竟然也亲身体验了一把，虽然这个圆周并不算很大很长，可在这样一个雨天，对于已然浑身湿透的我来说，绝对可以够得上一次特殊的转山经历了。即使我很清楚，这绝对不会是我最为难忘的一次。因为我知道，在未来的某一个或某几个时间段，我还会再次用脚去丈量这片净土，用转山去参悟心灵秘境。

"赶快坐下来烤烤火吧！"段乡长招呼我们围坐在火炉旁取暖。这时，见我上身淋透，"送伞"的觉姆过来示意我脱下外套，她去帮我烤一下。望着她真诚又有些羞涩的面孔，突然一股暖流涌上了我的心头。虽然没有言语的交流，但在这里接触到的三位觉姆却通过她们朴实无华的举动演绎出多拉日追女修行者的梵与不凡！

眼看着夜色将近，我们还未到达最后一个目的地，段乡长带着我们起身跟多拉日追的女干部和觉姆们告辞，僧人们把我们送出院门，女干部手里不知道什么时候多出了一个之前我"戴"过的那样的"雨伞"。经过一个多小时的参观，大家一致认为，比起观赏石刻的图案，这位女干部的导游水平绝对是超一流的！临上汽车前，我还特意记下了她的名字——次仁卓嘎。希望有机会再到芒康的时候，再次聆听她绘声绘色的讲解！

四

最后一站——色登寺，距多拉日追寺不远，大约 5000 米开外。

关于色登寺的源起，有这样一个神奇的传说：色登寺由色登寺第四世活佛松才让建成，西藏第三世大宝法王从汉地回藏时，在现今色登寺的对面山上休息，松才让活佛去见大宝法王，请他为自己选一个地方新建一座寺院，大宝法王说，我的马知道在哪里建寺好。大宝法王的马是藏传佛教的开山祖师莲花生大师的二十五弟子之一，它跑到现今的色登寺之处打了三个滚，于是色登寺就建在了此处。这匹马的名字叫丹琼翁巴色登，色登寺的名字由此而来。

我也从民宗局提供的寺院介绍了解到了该寺的一些基本情况：

色登寺现任住持为色登寺第十四世活佛丹真绒布仁波切，寺中现有喇嘛 300 多人、觉姆 100 多人。寺内供奉的释迦佛像据说与拉萨大昭寺觉沃佛像的影响力是一样的。寺里还有唐、宋、元、明、清等时期的各种法器，尤其是清朝嘉庆皇帝赐给色登寺第九世活佛的衣服和锦缎（据说有一次尊者展示神通，将此袈裟挂在射进室内的一缕阳光上，故有"挂在阳光上的袈裟"的美誉），历经浩劫如今仍然完整地保存下来，成为了寺里最珍贵的文物。

路上，小汪又一次告诉我们，色登寺是芒康县香火很旺的寺院，到了那里，绝对会颠覆你们对寺院的一般认知。可经历了近一天同两座寺庙的亲密接触后，我和小朱都有点将信将疑，加之临行前当地干部对寺院住宿条件的客观描述，我们早都做好了夜宿寺院最坏的心理准备，大不了再体验一次农家乐或藏家乐，而这也是没有安排女队员随行的另一个主要原因。

太阳已下到半山腰，我们的车开在空旷的高原土路上，在不远处看到了一条细细直直的长河。突然间，我想到了那句经典的唐诗——大漠孤烟直，长河落日圆。河道的左侧，出现了一条目测约为四十度的坡道，司机告诉我们上去就是色登寺了。穿过山路上下数排密密麻麻的"扎夏"，前面出现了一座金顶的"多层"雄伟建筑，距离越来越近，一个想法也越来越清晰，能在这方圆数里人迹罕至、交通不便的山麓上建成一座如此体量的建筑，本身就是一个奇迹了。

而接下来几个小时，对我来说，经历了人生中的三个第一次。

第一个第一次，与僧人共进晚餐。

车停在雄伟的正殿右侧空地上，下车后，天色已经完全暗了下来，借着月光，我看清楚地面铺着的是方形的石板，一尘不染，明显区别于白天参观的两座寺院。这时，驻寺干部带着三位主事喇嘛和一众随从僧人过来跟我们热情地打招呼。这接待阵势是此次入藏以来最大的一次，而且我注意到三位主事喇嘛都穿着齐整，戴着棕色的圆顶毡帽，俨然就像电影里身着西装礼帽的绅士一般。干部告诉我们晚饭就快准备好了，可以先到楼里边喝茶边了解寺院的基本情况。说着就带着我们进入了刚才远处看到的"多层"建筑，因为这座楼位于主殿正门的右侧下方，又是背山而建，所以远看就像是跟主殿上下相连。而我们下车的地方处于楼顶位置，进入楼内需要走下行的步梯。

走下一层，楼梯口对着的是一个面积约有七八十平方米的茶室，靠内侧墙边古香古色的木质柜架上放着各种茶包。一位年长的喇嘛问我们要不要在这里休息一下再去用餐，我们说客随主便，看段乡长如何安排。段乡长环视了一圈室内专业级的家具陈设，手一挥说道："不用费事，直接去餐厅吧！"

于是，我们又往下走了一层，穿过一条没有廊灯的长廊，尽头就是厨房和餐厅。这个紧邻厨房的餐厅，准确地说是一间"雅间"，进屋一看，圆桌上已经摆好了餐具和几盘绿色的蔬菜。另一位身材魁梧的中年喇嘛招呼大家就座，坐定后我才发现，几乎小半面桌子坐的都是色登寺的僧人。很快，两大盘热腾腾的炖肉端了上来，中年喇嘛起身给大家分肉。对于这次晚餐，我印象深刻的有两个细节，一个是绿叶菜几乎没有什么味道，而且有些难以嚼碎，主要是高原压力不够，菜无法完全煮烂。另一个是饭桌上众人，无论僧俗，都有着爽朗的笑声。当然，回想起来，当晚我还是有一点小小局促感的，我不时偷偷观察那几位僧人，尤其是那位最年长的喇嘛。后来我特意了解到他是民管会的副主任，也是寺里一位德高望重的老修行者。至今我还清楚地记得他腰间别着的那串古铜色的钥匙，既代表着地位，也象征着睿智。

第二个第一次，夜观色登寺大经堂。

晚餐席间，我们得知色登寺也同宗西乡其他地方一样，还没有通电，寺里有自己的小型发电设备，一般情况也不会用。今天得知我们要来采风，特意安排我们在夜间进入大经堂拍摄，这样不仅没有干扰，而且有灯光照明保障。晚餐后，我们大队人马又上到楼顶的广场去往经堂门口。一路上，在夜色和星光的映衬下，经堂大殿的外墙黑压压地顶在我们头上，营造出一股静谧而森严的气氛。我们打着手机里的手电筒来到大殿门口，一个负责开门的小僧人取出钥匙，打开殿门，拉开电闸。刹那间，整个殿堂灯火通明，我稍往大殿里探头一望，好似突然出现的海市蜃楼一般，我的眼睛被灯光刺得白茫茫一片，我使劲儿眨了眨眼，一边慢慢适应这突如其来的

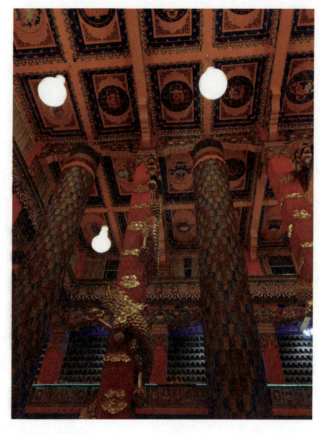

强光，一边跟随早就迫不及待进去的小汪脱鞋迈入殿门。

当时给我这样一个在"帝都"生活多年，走过不少名胜古迹的准旅游达人的感觉真的就是那句俗得不能再俗的话——无法用语言来形容色登寺大经堂带给我的强烈震撼。虽然我清楚肯定还有许多未领略过的辉煌雄伟的寺院建筑，但这座寺院，肯定是目前为止我见到的最为壮丽的一座，尤其是在夜间，当时我就想到当年那部曾创造中国电影视觉特效里程碑的《满城尽带黄金甲》，虽然故事情节让人诟病，但那种开创性的视觉冲击力却依然历历在目，而这正是色登寺为我们奉上的另一场独具品位和滋味的"夜宴"——金碧辉煌、色彩斑斓、巧夺天工，而在面对这个突如其来的"大餐"时，我才发觉自己的手机是那么"小器"。既然无法取全景，我就多来些特写。而大殿入口正中处供桌上摆放的金属坛城和酥油花就是最好的拍摄对象，

我发现小汪也对此情有独钟。我们相视一笑，在几个理想的机位上交叉拍摄，生怕错过了绝佳的构图角度。

直到感觉到脚有些冻了，我们才恋恋不舍地离开大殿。我想其他人也跟我有相同的判断，也许这场"夜宴"就是个绝版，想再次体验，一票难求啦！

第三个第一次，夜宿寺院。

依然沉浸在华美大殿影像里无法自拔的我们，沿着下行步道二次进入楼内，昏暗的灯光马上告诉大家该转换频道了。两个僧人带我们去房间休息，这是一层由各式房型组成的客房区，整体位于楼的左中部方向。走过灯光有些昏暗的长廊，墙上挂满了色登寺主题的摄影作品，既有寺院建筑的静态呈现，又有反映跳神节热烈场景的动态抓拍，还不乏色登寺僧人和藏民的特写。一幅幅慢慢地浏览，我的目光停留在一张合影面前，照片里是一个二十多岁戴着黑框眼镜的喇嘛和一个七八岁的小藏民，他们的笑容都很灿烂。

旅游『金三角』首选稻芒香

"这就是我们的活佛"，一个僧人告诉我和小朱，"他这段时间在拉萨学经，要不然你们可以见到他的。"

哦，我若有所思地又多看了照片一眼，小朱特意拍下了这张照片，而我没有拍照。

没有拍照的原因，一个是光线不好，另一个就是我觉得可以留下一些遐想和好奇，而好奇的结果就是后面几天我开始多方打听和查找关于色登寺演变发展历史和活佛的故事。

参观过所有房间后，僧人把我们送回客房，不一会儿又给我们送来了热水壶和蜡烛，告诉我们半小时后就要断电了。于是我和小朱迅速地洗漱一下，就各自钻进了褐红色被面的厚被子里。本想着用手机上会儿网，一看手机信号格，这才想起来临行前当地干部早就告诉我们了，这里无法使用移动通信设备。也好，那就暂时告别网络社会，美美地睡上一觉！

跑了一天，我们都有些疲惫，很快就睡着了。也许是睡在陌生的地方还不太习惯，第二天我和小朱都没有赖床，早早就醒了。拉开厚厚的窗帘，天已经亮了，但由于我们住的是靠山体的一侧，光线不是那么强烈。我们俩来到昨晚的餐厅，两个小觉姆已经给我们准备好了早餐，大米粥以及跟昨晚一样的绿叶菜，我们简单吃了一口，道谢后再次上到楼顶平台，按约定 8 点驻寺干部再带我们参观一下寺院其他的主要建筑。上来后发现小汪已经出来半天了，他正站在主殿前的红色围墙前拍摄对面的山河美景。我们这才发现主殿三面都建有围墙，而这里居高临下，是俯瞰对面高原地貌和侧面寺院建筑群的一个理想的观景台。拍罢自然景致，我们转过身重新审视面前这座昨晚刚刚参观过的主殿，在阳光的充分照耀下，它是那么美轮美奂，特别是昨晚没有留意到的殿门口那四根粗大的盘龙立柱，红黄相间，栩栩如生，做工极其精细。在我的记忆里，好像只有在北京的几个皇家建筑群里才见到过，典型的汉藏结合工艺风格。我们三人不由自主地拿出手机、举起相机，不约而同地选取了一样的"机位"进行拍摄作业。

"还没有拍够啊，走吧，前面的坛城更值得好好拍拍！"这时，昨晚接待我们的那位年轻干部出现了，于是我们跟着他来到了主殿后面的坛城参观，一位老觉姆已经等着为我们开门了。

旅游「金三角」首选稻芒香

这座坛城共有五层，面积由高到低依次缩进，最高一层我们只能猫腰进去参观。小汪告诉我们，这里是他第一次进来，是他见过的藏区最大的坛城。

后来查阅资料，我才知道，小汪说的一点都不假。这是西藏第一座大幻化网坛城，建成于 2009 年。首层安放文武百尊圣像，称为文武本尊净土；第二层安放莲师等持明圣像，称为莲师净土；第三层安放观音菩萨等圣像，称为观音净土；第四层安放阿弥陀佛等圣像，称为阿弥陀佛净土；第五层安放珍稀圣物，包括莲师金刚杵、益西措嘉佛母脑髓、吉美林巴尊者指舍利、德达林巴尊者法帽、释迦牟尼佛舍利、燃灯佛舍利、众多传承祖师和大成就者的身舍利等。而我们昨晚参观的大经堂，面积达 17000 多平方米，内供大小佛像 20000 多尊。

旅游『金三角』首选稻芒香

旅游「金三角」首选稻芒香

旅游『金三角』首选稻芒香

站在坛城的最高层平台，四周风景一览无遗，蓝天下大经堂的金顶更加熠熠生辉，此时站在这里拍摄金顶四角的精美雕饰再合适不过了。不远处的"扎夏"区域未完工的建筑又开始了一天忙碌的施工，而我们也要启程返回县城了。

在车边道别前，我们特意感谢了带我们参观的青年干部，他憨憨地笑着说："更应该感谢你们啊，多帮助我们宣传宗西，宣传色登寺"。段乡长也在一旁大声地附和道："是啊，宗西要多靠你们这样的人多看多写，旅游才能发展起来，来的人多了基础设施条件才能逐步改善，这对当地老百姓也是一件好事啊！欢迎你们再来芒康，再来宗西！"

五

返程中，我和小朱都没有像来时那样东问西问，也许他跟我一样，也在思考着如何更好地记录这一段特殊的旅行。不知不觉间，路上开始不时

旅游「金三角」首选稻芒香

出现连片的草甸和不知名的各色花海，小汪说前面就是通古草原了，这一带最适合取景，我们可以找个合适的地方下车拍照。

在经过几个狭窄的弯道后，前面的土路相对宽敞和平坦，司机就势靠边停了车，我们四个大男子各自分散进入花的海洋开始肆意"采花"——采集花之影。看着漫山遍野的不知名的各色野花，连一向不太喜欢"拈花惹草"的我也情不自禁地俯下身子，仔细找寻属于自己的那一朵最美的创作源泉，突然间产生了"待到山花烂漫时，她在丛中笑"的希冀，还情不自禁地来了几张自拍。

我们边找边拍、边拍边走，竟然走出了一里多地，在烈日的照耀下头

旅游『金三角』首选稻芒香

上开始有了汗珠，鞋和裤腿上也沾了不少灰土。小汪看了看手表说时间差不多了，我们继续往回赶吧，也不知道前面还会不会封路，回去差不多可以跟另外两组队员会合吃晚饭了。

果然不出小汪所料，我们又开到了那条正在铺修的土路上，约半个小时的车程后，前面的路过不去了。在询问过前面停下的车后，我们获知很快就会通车了。于是，大家下车放风，司机和前后几辆车的藏族同胞聊了起来，我和小朱借机拍摄不远处的村落和溪流。不大一会儿，司机招呼我们上车出发了，这时候小汪手里拿着一个不知道从路边哪里发现的断树根走了回来。他嘿嘿一乐，让司机打开后备厢帮他拉上，而司机看着满是泥土的树根，显然怕把车弄脏，有些不太乐意，小汪拍了拍司机的肩膀说：

"这个树根造型真不错，够我回去折腾几天了，谢啦！"

喜欢根雕设计与制作，这是我发现小汪的第二个喜好，也是我对他另一个深刻的印象。来的路上他就告诉我们，他买了一套修剪和打磨树根的专业工具，下班或周末没事的时候就根据收集来的树根的造型自己设计制作，为此还把家里一个房间空出来专门摆放这些得意之作。而且他的微信里也会时不时晒晒最新的作品。

我们回到县城的时候，其他两组人员已经快吃完晚饭了。两天没见，又无法通话，大家关切地向我和小朱问长问短。我们说了很多，但我只记得我说了一句发自肺腑的话——你们没去真是太可惜啦！

晚上躺在床上，我像过电影一样回想着过去两天在宗西乡发生的事情：一切好像在意料之外，却又在预料之中……

茶马古道上的神韵

——扎西和卓玛们迈出优美的舞步，伴着悠扬的歌声，挥舞着长袖，欢乐地看着彼此，仿佛与这雪山、与这高原融为了一体。

到了芒康，除了吃"加加面"、泡曲孜卡温泉、品达美拥葡萄酒，还有一大乐事就是欣赏弦子舞。在西藏，弦子舞是芒康特有的民族舞，历史悠久，据考证可以追溯到唐朝时期。但那时的弦子舞主要以拉唱为主，形式较为单一，一般是家庭小型歌舞。到了唐朝时期走出了一条"茶马古道"，给芒康弦子舞注入了新的生机，智慧的芒康人民在与其他民族和周边地区

的交往中不断吸收地区、民族的不同文化，不断增色、不断创新，直到现如今的歌舞结合，悠扬的歌声伴着优美的舞蹈，以生活为题材，不断创作、不断完善，不断丰富和发展起来的独具民族特色、地域特色的文化艺术，是当地群众喜闻乐见的爱好和娱乐形式，成为了藏民族文化艺术历史长河中的珍宝之一，被誉为"茶马古道"上的"古道神韵"。

弦子舞表演时由男子拉弦子，女子舞彩袖，随着弦子节奏的变化，歌声舞姿变化多样。弦子的歌词大部分为迎宾、相会、赞美、情意、辞别、祝愿等内容；曲调繁多，歌词丰富，舞步多变。舞蹈时男女舞队各围成半圈，时而聚圆，时而疏散，载歌载舞；男子舞姿重在舞靴、跺脚，显示豪放粗犷之美；女子突出长袖轻柔舒展之美。芒康弦子舞姿圆活、狂放而流畅，有拖步、点步转身、晃袖、叉腰颤步等动作，以长袖飘飞最有特色。盐井弦子舞是芒康弦子舞中最为端庄稳重的，有澜沧江涛的气势，有高山流水的神韵，有气势恢宏的唱词，给人一种豪情壮志、奋发向上的感觉。曲孜

卡小镇的三弦舞又独具澜沧江西部的风格，有"茶马古道"神韵之感，古朴、典雅、飘洒、悠扬而欢快。弦子舞不受舞台限制，有一片空地足够围着圈、挥舞长袖即可；弦子舞不受规模限制，只要你愿意都可以加入；弦子舞不受舞技限制，哪怕你不会跳，也能参与其中。我坐在旁边，看着藏族扎西和卓玛们迈出优美的舞步，伴着悠扬的歌声，挥舞着长袖，欢乐地看着彼此，仿佛与这雪山、与这高原融为了一体。虽然我听不懂藏语，但我能感受到歌声中的幽静、美妙，对静谧生活的满足，对美好生活的向往，感受到对这片土地、对荒原的敬畏与热爱。也许这就是弦子舞的魅力所在，它承载着藏家儿女对生活的期待，也燃起了他们对未来的追求。这种追求是自然的、和谐的、发自内心深处的，不掺杂任何其他。这与都市街头我们听到的流行歌曲截然不同，与电视上的流行舞蹈有天壤之别，弦子舞能让你的内心平静下来，沉淀下来，洗去污浊，净化心灵，找回自我。这也是我喜欢弦子舞的原因。

芒康弦子舞与蓝天白云、雪山草原、峡谷急流、险滩奔马等藏东高原特有的壮丽景色浑然一体，形成了芒康独有的人文风景线。如今芒康弦子

舞已经成为广大藏族群众重要的娱乐方式，芒康16个乡（镇）每逢佳节，都要开展以弦子舞为主的丰富多彩的文艺活动，这些活动丰富和活跃了群众的精神文化生活，提高了群众的文化素养，增强了他们对祖国和家乡的热爱。

芒康是弦子舞的故乡，弦子舞亦代表着芒康，二者紧密相连。2004年，西藏自治区把芒康评为"弦子的故乡"；2006年，芒康弦子被国家文化部列入第一批国家级非物质文化遗产。这也是为何芒康素有"古道神韵""歌的海洋"和"弦子的故乡"等美誉的原因。芒康的弦子舞是西藏民族文化花团锦簇中的瑰宝，反映了当地藏民的生活，抒发思想感情，独具审美观和艺术价值，是藏民族文化中继承和发展的宝贵文化遗产之一。

冷艳红拉山，被遗忘的风景

——偶遇代表着运气和缘分，未知代表着勇气和努力。红拉山，一个容易被遗忘的静地，如此冷艳而又热烈，如果你有缘与她相遇，请留下你最美的脚步。

有些风景，不管你知道与否，不管你在乎与否，她就在那里。她已习惯等待，习惯孤独，并坚信总有一天有人会想起，有人会经过，有人会缅怀。红拉山，就是这样的风景，它是如此冷艳、如此高傲、如此独立。

旅游『金三角』首选稻芒香

　　我第一次到西藏，第一次到芒康，第一次坐汽车盘着山路不断感受高海拔的魅力。心跳加速、神经紧张，慌乱中充满期待、恐惧中充满欣喜，这种经历让我终生难忘。祖国的大好河山确实令人神往、赞叹。古往今来，多少文人墨客都在赞美高山、赞美高原，我羡慕他们的多情、羡慕他们的开放，因为我并非是一个喜欢表达的人，更不愿意轻易吐露心声，但这一次不同。我看到了红拉山，仿佛看到了自己，走进了红拉山，就像走进了自己的内心，我是如此欣喜若狂。

　　芒康滇金丝猴国家级自然保护区（原来叫作红拉山保护区），位于芒康县城 60 千米处，宽 30 千米、长 80 千米。保护区内纬度高，立体自然景观十分突出，山高谷深，最高海拔 4448 米。经查阅，"拉"在藏语里是"神、

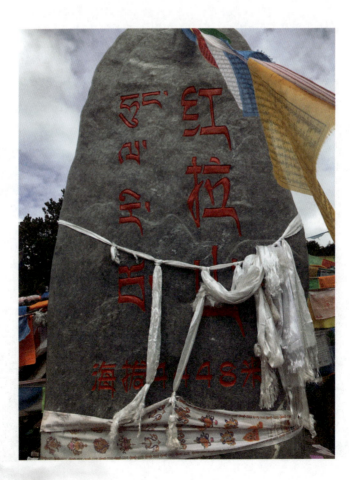

佛"之意，红拉山意为红色神圣的山。经过这里，我会幻想山里面是否真的住着一位美丽的女神，戴着银色的皇冠，静静地坐着，高傲地看着远方。

巍巍横断山脉，纵横南北。著名的澜沧江、怒江、金沙江等大江奔腾于深山峡谷中。奇特的山水融入独特的高原气候，则更显得风格迥异。由于这一带地形复杂，海拔高度差异明显，山高、谷深、水急，自然景色呈明显的垂直分布。海拔从2300米到4448米，沿214国道，可饱览"一山有四季，十里不同天"的立体自然景观。气候温凉，森林植被保存较好。从红拉山景区向西远眺可观览藏区著名的达美拥雪山，还能俯瞰神奇壮丽的澜沧江大峡谷沿线景观。

红拉山是森林的王国，森林覆盖面积达70%～80%，这里有云南黄连、澜沧黄杉、卡杉、红豆杉等，点缀着红色的山体，秋天是红拉山最美的季节，从山谷到山巅，整片看上去便是一块彩色的画卷。红拉山也是植物的王国，特别是夏季，满山开满杜鹃花，围绕着峡谷和溪涧，妖娆妩媚，与银装素裹的红拉山交相辉映，如果这时候你能偶遇红拉山，你就会被这冷艳的美

旅游『金三角』首选稻芒香

人所折服。红拉山也是秘密花园，这片森林中栖息着三个家族的滇金丝猴，是世界上唯一可以生活在海拔 4000 米的灵长类动物。由于保护得当，已从 1992 年的 50 只，发展到现在的 1000 多只。春秋之际，如果你有缘与红拉山相遇，在原始森林中常能看到滇金丝猴觅食的喜人景象，自由自在地追逐嬉戏、采摘果实，令人神往。也许当你迫不及待地翻越红拉山时，周围密林中，正有无数双闪动机灵的眼睛，悄悄洞悉着你的存在，它们希望你能停下匆忙的脚步，来一场冷艳的邂逅。

偶遇代表着运气、缘分，未知代表着勇气和努力。红拉山，一个容易被遗忘的静地，她是如此冷艳而又热烈，如果你有缘与她相遇，请留下你最美的脚步，走进她，与自己来一场心灵的对话。

曲孜卡，雪域神泉

——大香格里拉旅游环线穿行在逶迤的滇藏川山脉间，串联起一个个人文渊薮、风情浓郁的至美胜地。曲孜卡在这里等你，一洗风尘。

从香格里拉到曲孜卡的路上，横断山脉绵延不绝，远处梅里雪山白雪皑皑，近处郁郁葱葱，俯视还有澜沧江陪伴着我们的行程，仿佛这山水近在咫尺，又远在天涯。汽车在高原峡谷中穿行，滚滚而逝的澜沧江，流过青、藏、滇，流经老挝、缅甸，成为当地的湄公河。经过 7 个小时的漫长车程，可以看见不远处，有一座小镇被群山环绕。车子从半山腰驶下，渡过澜沧江，

旅游『金三角』首选稻芒香

一座萃取高原民族特色、藏域风情浓厚的温泉小镇——曲孜卡，安静地掩映在雪山与江河之间。这是藏东冉冉升起的一颗新星。

曲孜卡本意为"温泉圣地"，曾先后被盐井县、宁静县和芒康县管辖，1970 年划归盐井区革命委员会管辖，1999 年撤销盐井区，成立曲孜卡乡。曲孜卡小镇的背面达美拥雪山，被尊称为神女峰，传说这座美丽的雪山是云南德钦梅里雪山的第三个女儿。在很久以前，梅里雪山的三女儿下凡来到民间，到达曲孜卡时，那里正疫病流行，民不聊生。仙女看到后，怜悯之心油然而生，点洞取水，以泪调温泉，根治百病，造福众生。于是，百姓纷纷沐浴，治愈了疾病。从此，当地百姓视这些温泉为神泉，沐浴泉水，可消灾祛病。而美丽的达美拥因参与了凡人琐事，触犯了天规，则化身为一座雪山，屹立于曲孜卡的背后。千百年来，辛勤的马帮在这里憩息，舒适的天然温泉洗去了他们一路的疲乏；千百年后，一条大香格里拉旅游环线穿行在逶迤的滇、藏、川山脉之间，串联起一个个人文渊薮、风情浓郁的至美胜地。

我一直希望江河水能从我家门口流过，打开门便能感受到水的奔腾，如同生命的奔腾不息，让人充满了活力。曲孜卡就是这样的小镇，小镇和澜沧江仅隔着一条柏油马路，道路围栏旁边便是澜沧江，水势湍急，能够听见波涛翻滚的声音，奔腾不息的流水与安静的夜晚、明亮的灯光融为一体。时间在这里静止，吹着凉风，听着江水声，看着前方若隐若现的横断山脉，仿佛城市生活的种种不快全都消散了一般，这便是曲孜卡小镇最为吸引我的地方。

留在曲孜卡小镇的几天，我们感受了当地的温泉、美食，欣赏了国家非物质文化遗产弦子舞。曲孜卡温泉小镇有着"藏东温泉之乡"的美誉，这里有108个温泉眼。108个温泉眼的水温各不相同，常年保持在20～80℃。据说，泉水中含有氟、碘、锶、锰、砷等20多种矿物质和微量元素，祛病疗效明显，尤对皮肤病有显著疗效。当天晚上，我和队友们就便迫不及待地去室内、室外感受一下雪域神泉，为的是洗去一身的风尘，解除旅途的疲惫。曲孜卡小镇有以格拉丹东温泉酒店、格拉丹东商务酒店、康盛温泉酒店等为代表的集休闲、娱乐、会议、住宿为一体的近10家酒店。

旅游『金三角』首选稻芒香

我们所在的酒店是康盛温泉酒店，是一家国有企业，酒店一层室内有大小两个温泉池，有专人看护，有更衣室、有冲澡间，设施齐全，水温也较为合适，泡着很舒服。室外有三个温泉池，水温不同，满足不同客人的需求。室外温泉视野开阔，我和队友们泡脚聊天，仰望漫天的星光，周围静谧而安详，仿佛全世界就只有我们，仿佛一抬手便可触摸到天际。那一刻，我和队友们感觉时间停止，让我们享受当下，忘却烦恼，美哉美哉！

曲孜卡小镇有一座寺庙名为拉贡寺，距今已有470多年。根据寺庙里的僧人介绍，寺庙僧人接近70人，信教群众达400多户，是当地藏民祈福参拜的重地。寺庙僧人活动丰富，平日里学习绘画、练习书法，偶尔还会举行比赛，邀请当地的藏族同胞一起参与，极大丰富了藏族同胞的日常生活。

我和队友在曲孜卡小镇待了两天，为了更好地了解曲孜卡，镇长带我们参观了体验厅，了解这座小镇的历史、文化、经济。曲孜卡属于农业乡，当地居民的收入主要来源于农业收入、旅游收入和特色产业收入。特色产业主要有养殖藏香猪，种植葡萄、花椒、苹果和蔬菜等。2016年，芒康县正式启动了曲孜卡乡特色小镇建设项目，包括滨江民俗商业街、旧城风貌整治、旅游接待中心、五星级酒店、国际温泉养疗中心、幸福农家等工程。2017年8月，曲孜卡乡被国家住建部公布为第二批276个全国特色小镇之一。

曲孜卡小镇是滇藏线进藏的第一站，这里海拔较低，风景优美，设施齐全。在这里你可以体验藏家乐，品尝特色美食加加面，感受世界自然奇观千年盐田，重走茶马古道，是一个疗养休闲的好地方。在这里，你可以感受雪山圣水的滋润，夜晚，你可以欣赏藏族同胞表演的弦子舞，弦声悠扬，大家围在一起载歌载舞，长袖飘逸，舞姿粗犷，歌唱着对美好生活的向往。

旅游『金三角』首选稻芒香

盐井"加加面"，献给八思巴的贡品

——西藏盐井的头等美食，非"加加面"莫属，当地一句话广为流传："来盐井，不吃加加面，遗憾终生。"

盐井"加加面"有近千年的历史，被评为国家级非物质文化遗产。1265 年，八思巴接受元朝封赠返回西藏，途经盐井地区，当地以"加加面"供奉。为了敬重上师，调和上师食欲，厨师以小碗面敬奉。八思巴连吃好几碗，大赞其鲜美。从此，盐井"加加面"以小碗"加、加"的方式流传下来。其之所以味美，是因为它的配方独特。加加面的食料用当地的冬小麦、藏香猪肉以及其他配料精调细作而成，特别是当地"琵琶猪肉"的加入使其味道更加鲜美，在藏区内外享有盛名。

2018 年夏天，我和队友们在盐井当地的藏家乐品尝了这道美食。说到盐井"加加面"，其首要原料要属面汤，由古盐井的红盐腌制的藏香猪咸猪肉炖制而成，据说藏香猪是"喝泉水、吃山珍"长大的。其次是面，是用小麦面、荞麦面和鸡蛋和成的，在和面的时候，经过多次揉、按，因而面条筋道有味，配上面汤，再撒上些许葱花，鲜美至极。

关于"加加面"，当地流传两种说法：一种说法是，这种面一边吃一边添加，故而叫"加加面"；另一种说法是，"佳佳面"，因为越吃越觉得好吃、想吃。吃"加加面"时，桌上碗边会放一个小竹篮，里面放着小石头，每加一次面，就拿一颗小石头出来，直到吃完面，数数石头，就知道吃了多少碗。吃"加加面"，不仅能够满足你的味蕾，更像是大家在玩游戏。其实，"加加面"碗中的面并不多，少而精，精而香，更多是吃面的仪式感。一碗接着一碗，不停地加面，吃得越多，卓玛们越开心，她们给你加面的时候总是面带笑容，哼着歌谣，整个氛围十分活泼。如果你把筷子交叉成十字放碗上，这就意味着你已经吃饱啦，卓玛们也会停止加面。据说一次吃完超过上一次最高纪录 147 碗"加加面"，可以迎娶一个年轻漂亮的盐井姑娘，外加 200 只羊，并获得终身免费吃"加加面"的权利（当然这只是传说，侧面说明了"加加面"的美味）。

品尝"加加面"，不仅是在品尝一道美食，更多的是品味一种文化，我和队友在品尝面的过程中，藏族卓玛们不停与我们互动，向我们介绍藏族饮食文化，我们也分享汉民族饮食文化，这就是不同民族文化的交流与融合。

千百年来，"加加面"代表着不同民族文化的碰撞与交融，不断地满足走在茶马古道上远方的客人。"加加面"在婚礼上、重大节庆等场合中具有重要的作用。如今，盐井"加加面"已成为盐井乡一景，歌舞之中品美食，成为盐井当地一种朴实有趣的民族旅游饮食文化。来盐井，不吃"加加面"确实是一大憾事！

旅游『金三角』首选稻芒香

醉心藏家乐

——卓玛们热情奔放，一边高唱藏歌，一边送来"饭后银碗酒"，让客人们高兴地喝下大碗美酒，醉卧不知。

在西部大开发和西藏旅游大发展的政策背景下，"藏家乐"如雨后春笋般涌现，在促进藏区旅游产业发展、带动群众脱贫致富、转变群众就业观念、增强群众市场经济意识等方面发挥了积极作用。藏家乐与内地的农家乐相比，其内涵更加丰富。它不仅展示了农牧区的新风貌，也展示了传统民俗文化的魅力。走进芒康藏家乐，游客们不但能享受到西藏农牧林区民宅客栈、饮食文化、民族手工艺品等，还可以体验别有情趣的藏民族传

旅游『金三角』首选稻芒香

统文化带来的魅力。

2018 年暑假，我有幸和几位队友奔赴芒康纳西民族乡考察，体验了当地的藏家乐。我们所到的藏家乐主人是一位美丽的纳西族姑娘果拉卓玛。一进门，映入眼帘的是敞亮的藏式客厅，客厅墙壁、桌椅都布满藏式妆饰。桌椅摆于客厅四周，浓郁藏式风情的歌曲已经响起，让我们感受到了主人的热情与豪放。无论男子、女子、孩童，都有着腼腆、淳朴与洒脱豪放交织的性情，有着对美好生活的无限热爱。我对一个负责传菜的藏族小姑娘印象极为深刻，皮肤黝黑，偏瘦，衣着朴素，但十分讨喜，每次传菜都会踏着音乐节拍，热情地向我们走来，充满了生命的活力与张力。另外是美食，藏式餐桌较矮，桌上铺满了各式各样的美食和美酒，有藏香猪肉，奶酪、玉米，青椒等蔬菜，也有核桃、葡萄等水果小吃，还有自家酿造的葡萄美酒，当然还有赫赫有名的盐井名吃——"加加面"。纤细而筋道的面条配上藏香猪肉，我和队友们忍不住想多来几碗。热情的小卓玛，每隔一段时间便会主动为我们加面，直到我们将筷子摆成十字后，才肯"罢休"。

藏族的"酒文化"特色鲜明。早在1000多年前藏族就已开始酿酒，在漫长的历史进程中，形成了独特的藏族酒文化。卓玛们热情奔放，一边高唱藏族歌曲，一边送来"饭后银碗酒"，让客人们高兴地喝下大碗美酒。让我印象最为深刻的要属"飞来的酒"，美丽的卓玛们用嘴巴咬住杯托，将美酒送到客人的面前，直至喝完为止。

在品尝了美酒美食后，我和队友们参观了如美镇的百年藏寨，感受颇深。如美镇位于芒康县城西面，距县城45千米，澜沧江边，318国道贯穿全境。多数百年藏寨有两层楼加一个小院，院里养牲口，一楼做客厅，二楼做卧室，体现了人与自然的和谐相处。院子占地面积十分大，整体的院落与自然相融合，干净整洁。藏寨室内的墙壁绘以吉祥图案，蓝、红、

绿寓意着蓝天、土地、大海，宽敞明亮、远离喧闹，住得舒适。主人为我们提供了酥油茶和自家酿造的葡萄酒，酥油茶咸香可口，葡萄酒清雅细腻。队支们都希望能够在此住上一段时日，深入感受百年藏寨的风俗民情。

　　藏家乐以具有藏式特色的民居接待为核心，以藏族历史、文化、宗教、民俗等资源为背景，以直接提高农牧民经济收入为目的，是藏族群众直接参与性最强的一种发展旅游业的形式。藏家乐能促进整合各项资源，加强政府宏观调控，实现藏区旅游业可持续发展，使得藏族地区由游牧向定居、由传统向现代、由封闭向开放转变，也将从根本上改变藏区政治、经济、文化和社会环境，有利于藏区的和谐稳定发展，具有重要的民族、文化、经济意义。

旅游『金三角』首选稻芒香

达美拥葡萄酒，藏东甘露

——藏东谷地酝酿着浪漫的酒香，令人稀奇。呷一口甘露，望一眼雪山，跳一曲锅庄，度一生的幸福。

芒康纳西、木许、曲孜卡等地的人民对酿酒有着较高的造诣，除了青稞酒以外，家家户户都有酿造葡萄酒。藏家乐的夜晚，不胜酒力的我，只能看着旁人品尝卓玛端来的葡萄酒。所幸第二天，我们参观了当地的葡萄酒公司和葡萄园。

我们参观的这家葡萄酒公司名为藏东珍宝酒业有限公司。相关负责人向我们介绍了企业发展概况，以及达美拥葡萄酒的品牌故事。历史上，西

方传教士来到盐井，不仅建设了一座天主教堂，还传播了种植葡萄和酿制葡萄酒的技术，自此种植葡萄、酿制和饮用葡萄酒的习惯在当地一直延续至今。藏东珍宝酒业有限公司由康巴汉子洛松次仁联手汉族的葡萄酒博士高捷共同成立，试图打造世界最高海拔的葡萄酒，以孕育产区葡萄的雪水之源——达美拥雪山命名，并成为西藏最大的葡萄酒品牌。这家成立10年的公司，在快速占据西藏90%的葡萄酒市场的同时，也体现了藏汉合力致富的决心与信心。

接下来便是"品"，品尝藏区的达美拥葡萄酒。达美拥七星干红葡萄酒，整体呈深宝石红，闻起来奶香味四溢，有着浓郁的李子干和小浆果的气味，酒精度数较低，仅为14.5%，口感相对平衡。同时，有适合女生的半甜型葡萄酒以及纪念版葡萄酒，但我唯独深深沉醉于七星干红的味道中。

旅游『金三角』首选稻芒香

旅游『金三角』首选稻艺香

你们若是来到西藏，来到芒康，定要品一品此酒。让人印象深刻的葡萄酒则是另一家叫藏红甘露葡萄酒厂生产的高原冰红葡萄酒，其选用的葡萄历经 3 次霜降，保证了葡萄酒的甜度，尝起来像冰冰甜甜的果酒。

当我正在思索芒康葡萄酒是如何确保葡萄品质时，当地干部就领着我和队友们前往葡萄果园，我才知道了芒康葡萄的独特之处。芒康的葡萄园背靠雪山，面对江水，通风好，害虫较少，日照时间长，早晚温差大，有利于葡萄糖分和果香的累积。环顾周围的果园，葡萄树下，有虫有草，生物多样，形成了一条良好的生物链。芒康种植的葡萄品种也很特别，其特有的黑珍珠、藏葡萄等品种，个头小，汁水多，是酿造葡萄美酒的优质选择。在芒康葡萄酒中，既能感受到法国的浪漫，又能感受到康巴的豪爽，不同的文化在这里融为一体。当我端起装满葡萄酒的高脚杯置身于这高原之中，感受到西方文化与东方文化的碰撞，仿佛是不同国家、不同地域、不同民族之间的对话。

旅游『金三角』首选稻芒香

踏上蓝色星球的最后净土

我偷偷地告诉你，有一个地方叫作稻城，我要和我最心爱的人一起去那里，看蔚蓝的天空，看白色的雪山，看金色的草地，看一场秋天的童话。

——电影《从你的全世界路过》

我是因为《从你的全世界路过》这部电影开始知晓稻城，有感于影片故事的同时，对影片中所提到的稻城也有着无比向往之情。网络上盛传的稻城美景图，已经不能满足我的好奇心，定要亲自领略一番才甘心。在这个夏天，虽领略不了秋天的童话，但也终于有机会爬一爬稻城亚丁的山，

看一看牛奶海、五色海的水。

　　亚丁自然保护区主要由三座呈点状的雪峰组成，它的美在于雪山的形态美，在于雪山、冰川、森林、草甸、海子等天然景致融合为一体。目前已开发的亚丁自然保护区是以央迈勇雪山和仙乃日雪山之间的牛奶海所环绕的一条河西"贡嘎银钩"为主线索。亚丁在一年四季都呈现出不同的美。从沟口龙同坝到冲古寺，一路上都随着蜿蜒的山路在溪流和森林中穿行，路边不时闪过用黑灰色石头堆起来的玛尼堆，没有一丝现代文明的痕迹，如此纯粹，有种圣洁的感觉。在快到冲古寺的时候，巨大的冰峰迎面出现，那是仙乃日雪山。一路上仙乃日、夏诺多吉和央迈勇依次出现，这段行程是拍摄亚丁三神山的最佳区域。

　　从冲古寺草坪开始徒步，青青的草地上，开满了不知名的小黄花，像一片星空。有潺潺的溪水经过，有成群的马儿低头食草，也有弯弯曲曲的木板小路。沿途，从洛绒牛场骑马过来的人儿络绎不绝，稻城的主人向游客说着"扎西德勒"。沿山而行，一股股清泉从山涧喷薄而出。远处的央

迈勇雪山上,融化的雪水从山上倾泻而下,犹如央迈勇的眼泪。山与水相拥,动静搭配,走在泥泞的小路上,别有一番风味。

山路越来越陡峭,越往前走,与央迈勇雪山离得越近,可以清晰地看到遍布山腰的碎石,山顶的云雾。天空中下着蒙蒙细雨,我和队友们早已备好了雨衣,这是一种奇妙的体验,你永远不知道下一秒天气如何变化。伴随着坡度变得陡峭,阵阵凉爽的风吹过,我的呼吸声也越来越重,频率也越来越快,腰也弯得越来越低。路上的行人明显变少,两旁休息和吸氧的人也逐渐增多。憧憬已久的美景是我和队友继续前行的动力,我们未休息片刻,仅用了 40 分钟就到了传说中的五色海,当看到五色海静静地躺在白圪塔山的怀抱中,我兴奋地跳了起来,完全忘记了自己身处高海拔的危险,感觉之前付出的一切都是值得的。湖水宛如一块蓝色的宝玉,湖底有许多茂盛的植物,给这块玉石镶嵌了许多不规则的墨色花纹。这时天空下起了蒙蒙细雨,湖面五彩斑斓,别有一番风味。

有人说"稻城亚丁是蓝色星球上的最后一片净土",在这里你可以欣赏壮丽神圣的雪山、辽阔的草甸、五彩斑斓的森林、碧蓝通透的海子,雪域高原最美的一切,几乎都汇聚于此,这一切的一切都让我和队友们流连忘返。在这里我们的生命仿佛回归到大自然,承受了生命该有的挑战与重量。

第四篇
漫步者的荒原遐思

莽措，唤醒自由诗性的灵魂

——灵魂在刹那间融入到这种流动中，一会儿化作白云，在蓝天上与她们共舞，一会儿化作小鸟，自由飞翔在莽措湖之上，在广阔的天地中畅游。

2018 年春季，我接到朋友的邀请，加入到《稻芒香旅游"金三角"之旅》一书的写作中。作为写作的一个重要部分，我们需要亲身体验这些地方的美。接到邀请后，激动不已。稻城亚丁，我在前年去四川甘孜德格的时候曾经经过，但由于时间关系无法停留，当时只是透着车窗瞥了一眼，就已经被那种辽阔和原始的野性的风光征服了。得知这次能够较长时间地在这些地方行走，提前两个月就已经激动不已。

莽措湖作为芒康县的一个重要"景点"是我特别关注的地方之一，它位于芒康县的帮达乡境内。芒康在藏语中的内涵是"善妙之地"，她位于西藏自治区的东南部，藏东横断山脉腹地，金沙江、澜沧江两江流域，藏、川、滇三省（区）交界处。之所以会特别关注莽措湖，是由于自己在荒原中的经历，我一般会关注那些尚未成为大众旅游之地的具有原始的野性之美的荒原。我说的荒原并不是严格的学术意义上对荒原的界定与讨论，而是根据自己多年在美国自然保护区远足的经历所想象出的荒原：在那里，有不少野生动物出没，较少地受到人类工业文明的影响，人工设计痕迹较少，更多的是一种原始的野性状态的保持。网络中，莽措湖的图片并不是很多，相关的介绍也不是很详细，从网络上的这些痕迹看来，莽措湖尚未成为知名的观光旅游之地，这更增加了我对这个地方的向往。我期待她将来也不要变成被大众处于猎奇的心理去观光的地方，而是一个神圣之地。这种神圣并不是由一个超越人世间的神所带来的神圣，而是那种纯净素朴的原始的荒原之美带来的神圣，它不是宗教但却有一种宗教的力量。

盼望了两个月，终于在 2018 年 7 月 25 日下午，站在了莽措湖前，亲身体验她那尚未被人类文明干扰的纯美。从视觉上看，眼前的风景每分每秒都在变幻，形态各异变化万千的白云，明镜一般的湖泊的色彩、水中自由自在的鱼儿和莽措湖上方的飞鸟，一切都在流动，灵魂在刹那间融入到这种流动中，一会儿化作白云，在蓝天上与她们共舞，一会儿化作小鸟，自由飞翔在莽措湖之上，在广阔的天地中畅游。那是我和自然之间的亲密时刻，是不希望有任何人介入的神圣时刻。原生态湖泊的美与人类的心灵似乎有一种对应。在这样的美面前，人类的心灵也开始变得轻盈，摆脱了在人际中形成的各种复杂情感之累，而剩下的只有愉悦。原生态湖泊之美所带来的愉悦与人际中形成的愉悦有很大不同。这种愉悦没有任何功利渗入其中，而且比较持久纯净，让人痴迷。

在莽措湖前的大草坪上，比较难忘的一次交谈是和芒康县帮达乡的一家人的聊天。有两个小姑娘，一个读小学了，另外一个在读中学。我和那个读中学的小姑娘聊了好久。那个小姑娘微笑的目光与原生态自然的美景一样，具有一种特别的穿透力，沿着浑身每个毛孔，抵达内心的最深处。在这种微笑中，我发现了一种久违了的东西，很难说出这种东西是什么。城市里，在电脑屏幕前和各种流行歌曲下，在消费时代长大的孩子，尽管思路很宽，但总觉得失去了一个孩子本应拥有的天真。和小女孩的聊天中，我问她："这里的人会不会去莽措湖钓鱼？"她说："我们这里没有人钓鱼的。而且我们都不吃鱼。鱼是不好吃的。"这时我突然想起了我去普达措国家公园拜访的时候，曾经和那里的护林员聊过，他们说当地人有一种殡葬方式就是水葬，那么鱼可能会吃掉死去的亲人的尸体，这个时候吃鱼就是相当于吃死去的亲人一样。他们这样解释，我似乎一下子明白了其中的道理。

并不是他们不喜欢吃鱼，而是他们的认识把吃鱼的欲望断掉了，这方面的味觉也没有被激发出来。

在莽措湖上，还有一个遐想，我期待这个遐想能让莽措湖在规划设计上能有一些启发。很多时候，注重现实的人往往忽视想象的力量。但浪漫主义的想象并非不科学的，而是具有思想内涵，并且具有改变世界的力量。我期待的是一进入莽措湖的领地，就能有个自然教育中心，中心里面有几个核心的工作人员，而其余则由志愿者担任，然后将莽措湖里所有的野生鱼类和珍禽鸟兽的图片展览出来，并且做出详尽的科学阐释。另外，有志愿者长期带人到周围的湖畔远足，边走边介绍莽措湖的动植物。如果有时间，我还会邀请一些艺术家和诗人定期到这里来进行创作，所有的这些事情都是为了激发人们对莽措湖的欣赏，让莽措湖的生灵繁荣，让后人持续欣赏到大自然的美丽。这只是想象中的样子，但实现也许很难。本来想持续推动人们对莽措湖的审美的保护，也曾经想像梭罗那样在里面住下来，根据长期的观察来完成对莽措湖的书写。但正如我在前面写的，我们能直觉地想到很多有意义的事情，但却不会坚定地去做。或许自己在自然里待的时间不够久，认知也没有达到一定高度。这也许就是人生常态吧。能够像梭罗那样，坚定地到森林中去生活，想把与生活意义无关的东西全部剔除在外，而仅剩下生活的精髓，让生活简单再简单以寻找生命终极意义的人并不多，或许正是因为如此，《瓦尔登湖》才成为了一部经典。

从莽措湖回来，再到我在苏州的住所附近的独墅湖漫步，两种完全不同的体验。独墅湖坐落在苏州的工业园区，原本也是一片有点野性之地的独墅湖，后来经过20多年的建设，独墅湖附近的农村全部转化为现代的城市，不可否认，工业园区在城市的规划、空间的广阔和自然资源上都好于全国许多地方。然而，当这种城市规划的理念用于自然时，就会带来审美的畸形化。很多规划师并没有遵循着自然之道，而是按照自己人为的设计去规划自然，使本来有很多野性的独墅湖变成城市中一个普通的舒适空间。

独墅湖边上有很多高档的宾馆，而且树木是后来移植的，原本自然的土路变成了适合各种车通行的大路。那里的野生动物，例如白鹭，很多时候不见踪影。在这种过度规划的湖泊边行走，在莽措湖前产生的那种自由的诗性的灵魂消失了，代而替之的则只剩下舒适之感，没有了探索的激情。很多时候，并不是城市文明生活更美好，而是因为有了荒原的存在，我们才会清醒地看到，城市文明已经在多大程度上让人们远离了生命最为厚重的根。

旅游『金三角』

首选稻芒香

冲古草甸，在心灵空间里徜徉

——荒原带来的体验有很多相似性，那就是刹那间忘掉人的几乎所有社会属性，而剩下的则是人的自然属性，一种平静而又强烈的幸福感充满着内心。

也不知从什么时候起，非常享受一个人在荒原中行走。尽管很多时候也是和家人和几个热爱荒原的朋友一起，但最为享受的还是一个人的独行。也因为享受独行，对很多环境文学家、哲学家和博物学家的作品开始产生了浓厚的兴趣。例如卢梭的《一个孤独漫步者的遐思》，还有梭罗的《瓦尔登湖》和利奥波德的《沙乡年鉴》等。阅读这些作品又加强了自己对在自然中独行的倾向。独行的很多时候，他们的灵魂常常与我相伴，这给独行又增加了梦幻般的色彩。回想起来，在人生所有的独行中，最为震撼人心的一次还是行走在亚丁的冲古草甸。

冲古草甸是亚丁比较著名的景点，她被三座神山环抱。这里有着丰富的自然景观，包括神山、森林、小溪、万千的野花等。这是一个典型的高山草甸，面前的神山终年覆盖积雪，数百条溪流自由流淌在碧绿的草地间，开辟出一条条弯弯曲曲的小溪水流路径。置身在神山环抱的草甸中央，听着数百条溪流汇成的素朴而震撼的天籁之音，那一刻，就如一个朝圣者经过长途跋涉终于见到他／她理想中的圣地一样，内心的欣喜是很难用文字表达的；那一刻有一种彻底找到了人生意义的醉人的喜悦感。陶醉在内心的狂喜中，在高反尚未完全克服的情况下自己独行了两个小时。

草甸上有很多奇花异草，这些野生生灵的美能在瞬间触动灵魂，让人有一种想去继续探索的激情，并不为了任何功利的目的去探索，而只是想知道这些生灵何以这么美？遗憾的是，自己在那里停留的时间太短，无法像利奥波德在沙乡那样，能在一年四季的几乎每一天都能对身边的自然做出细致入微的观察、欣赏和详细的描述。在那里，更多的时候，是享受着一个人在行走中思绪不经任何既定模式地漫游的快乐。就如身体的自由一样，我可以随时选择继续行走，随时因为奇花异草的美丽而停止，灵魂也可以在无尽的心灵空间漫游。漫游中想到很多以前独行的经历。回想起来，自己在过去的7年里，也曾到过美国、智利和瑞典等很多具有原生态的地方，但如此震撼而又丰富的自然景观还是第一次遇到。

高山草甸上，最为触动心灵的自然景观除了视觉上的之外，还有听觉上的盛宴。小溪水自神山之上从四面八方流淌下来，在高山草甸上穿行，发出天籁之音。这种声音似乎有一种穿透力，透过浑身的每个毛孔，和心灵深处的音乐一起奏响素朴而震撼的交响乐。就这样聆听着天籁之音，沿着冲古草甸走了两个多小时。行走时，思想没有经过任何努力就开始自动呈现很多以前类似的在荒原中的体验，激活了不少以前的记忆，复苏了在城市中日渐懒散的荒原自我。其中一个依旧清新的记忆就是在美国读博士期间，我参加了在美国落基山上开的环境伦理学年会，会议期间，我朋友KATHY，一个60多岁的英国同学，当时也在我读博的学校求学，我们曾经一同选修过环境哲学的课程，后来成了很好的忘年交。当时，她开车带我到落基山的山顶，很多积雪清晰可见。山上有个环形的步道，我当时沿着步道如孩子般的飞跑，有一种回归童年的感觉。冲古草甸由于地处高原，无法奔跑，但荒原带来的体验有很多相似性，那就是刹那间忘掉人的几乎所有社会属性，而剩下的则是人的自然属性，一种平静而又强烈的幸福感充满着内心。说它平静，是因为刹那间忘却了很多世俗中的各种价值判断带来的心灵的错综复杂；说它强烈，是因为内心中很多美好的东西一下子成倍叠加。

一个孤独漫步者的朝圣路

　　——两年无目的的荒原漫游，让我找到了生命中一种深刻而又素朴，并让人久久迷恋的自然空间……这种追求，让人在去荒野化的城市里找到了永久的动力之源。

　　一个人在荒原中的孤独漫步，自从十年前就开始了。对荒原的发现和迷恋，我想如果一定要追溯原因的话，还是从异国带来的巨大的文化震撼开始的，是一种人生意义的重新定位。2005 年，我硕士毕业后申请到美国北得州大学哲学系的全额奖学金，怀着美好的学术梦想来到这所大学攻读博士学位，只因为这所学校的哲学系有一个非常有名的环境哲学博士培养项目。说到我对环境哲学的兴趣，还是因为一本书，这本书就是美国科罗拉多州立大学的杰出教授罗尔斯顿写的《环境伦理》，这本书获得了邓普顿大奖，奖金比诺贝尔奖还要高。他在这本书中提出了一个重要观点，即自然是有内在价值的。我因为这一观点开始关注我身边的自然，那时很好奇的是，为什么在他的眼里，这些我们生活背景的自然环境成了具有价值的东西？带着一系列不解而又非常好奇的问题，我来到了距达拉斯只有 40 多千米的小城——丹顿，这里有随处可见的荒原，然而那时头脑中还没有荒野审美的思想，所以尽管周围很多荒野美景，但在思维中没有荒原概念的情况下，很多时候对美景是视而不见的。

　　因此，来到这所大学的前五年，多数时光是在室内度过的，其中一个很重要的原因是英文对攻读哲学博士的我的巨大挑战。那时我要用英文备课，用英文写博士论文，用英文完成很多不熟悉的生活体系。因此，我的大多数时光都在室内度过了。读博士读到第五年的时候，中西巨大的文化差异所带来的无根感几乎让人在情感上无法承受。也许理性上对美国文化的一些价值观是认可的，但在日常生活和实践层面，很多价值观还是极难融入。所以，产生了文化带来的深深的孤独感。这种孤独感很多时候给人带来一种撕心裂肺的如肉体一样的疼痛，有时几乎承受不住。后来一个偶然的机会来到美国的州立公园，Ray Robert Lake State Park，才逐渐发现美国很多以荒原为主要特色的各种自然保护区。后来，花了近两年时间的每个周末，组织身边的各国朋友去荒原中远足和欣赏。在这两年的无目的荒原里，我找到了生命中一种深刻而又素朴，并让人久久迷恋的自然空间。除了组织身边的朋友集体去远足之外，我也经常独行。或许正因为那种无目的的漫游时光，让我发现了一个让人迷恋的新的世界，那就是尚未被人类文明干扰的一个个充满着丰富的生命多样性的荒原空间。这次接受朋友的邀请到稻城亚丁、云南香格里拉还有西藏的芒康县去体验并写游记，就是荒原之美的追寻路上的一小段落，延续了两个星期。以上的文字正是在这样的背景下完成的。然而，深感遗憾的是，无法向梭罗那样超脱于世俗，为了寻找生命最本真的东西走入森林，高质量地度过两年的时光。尽管不能做到和他一样对浪漫主义精神的坚守，但对荒野的向往却一直没有停止过。身在城市中，依然以各种方式追求荒野中那个孩子般的无比幸福和自由的自我，那种素朴而又强烈的存在的感觉。或许正是这种追求，让人在去荒野化的城市里找到了永久的动力之源。

从美国毕业后，我来到苏州大学任教。工作一年后，我建立了一个微信群，名字为国际环境人文微论坛，到瑞典后，在瑞典的荒原里将微信群的名字改成了在线环境人文研究中心。我想用一生的热情去推动对荒原的审美欣赏和学术研究，让自然大美得到永久保护，让自然界的各种生灵繁荣，觉得这是一个非常值得努力推动的事业。记得刚开始办微论坛时，我在微信群谈了不少荒野，很多搞中国文化的朋友并不是很赞赏，有的朋友说，荒野只是精英阶层的一个追寻，一时震撼一下，生活中还要回到现实，谈论荒野意义不大。另外，有些朋友曾问我，你到野外看野花和在城市种植花草有什么区别？面对这样的问题，确实难以回答。只能诉诸感觉，却很难用语言去解释。我每次看到野生的花草，总能调动内心一种非常强烈的惊奇感，这种惊奇感推动我对这些野生的生灵给予更多的关注。但惊奇感是什么？是不是每个人都有惊奇感？这些问题是学术上一直探讨的，需要多学科才能很好地解答这一问题。后来，我在环境人文在线研究中心群邀请了很多生态学家、心理学家和文学家等，每个月大概两次紧密围绕荒原话题进行跨学科的探讨。这种探讨影响了很多搞环境设计、生态旅游的生态修复的实践者，他们发现荒原哲学的研究确实给他们带来很大启发。

七年前常带朋友去野外欣赏，七年后回归学术，以理性和激情的力量去推动对荒原的研究。一个人坚守了这么多年，常常为自己而感动。我常对朋友说，我非常渴望的一个场景就是一个人到野外痛哭，这种哭并不是在人际关系中的矛盾或者世俗所谓的成败痛哭，而是形而上意义上的痛哭。宇宙中一个小小的生命一直在为其他生命的美丽和繁荣而去呐喊，去努力，我为这种内心中源源不断的力量而感到震撼，我想这也许就是神一样的存在对我的召唤吧，会追随着这种声音继续坚定地走下去……

旅游『金三角』首选稻芒香

洛绒牛场的独行

——在一片空旷的荒野地区因为探险或者独行而死去，并不是一件非常悲哀的事情。而悲哀的莫过于身体插满了管子，躺在现代化的医院里，亲人在旁边痛哭。

洛绒牛场是我和队友们到达亚丁后第二天拜访的地方。当时乘着敞篷的旅游车进入，坐在车里的时候看到旁边一个长长的木栈道，栈道旁是比较原始的森林和长满奇花异草的草坪。当时很想沿着那个地方自己走到洛绒牛场，但考虑到时间安排和对地方的不熟悉，还是随着旅游车进入了。

洛绒牛场海拔有大约 4150 米高，被三座雪山所环绕，是通往亚丁的五色海和牛奶海的起点，同时也是由冲古寺出发的仙乃日小转山路线的必经之处。刚到这片广阔的荒原空间时，情不自禁地拥抱同行的队友石金莲，高声说这就是我所一直追求的生活，在这里终于找到了。

人生有什么能比这更好的吗？那是一种充分的毫无缺陷的完满的幸福感，是一种在人群中很难找到的灵魂的狂喜。

在这种体验上，我与卢梭在《一个孤独散的漫者的遐思》中的所写到的文字有很多同感。卢梭在第五个散步中写到他在圣皮埃尔岛上曾经度过的六周，这发生在 1976 年 9 月 6 日的夜晚，卢梭的住所遭到了当地居民的石击，为了避难来到了这个与世隔绝的小岛上。但那却是他一生最幸福的时光之一，他曾下决心余生要住在那个小岛上。他这样描述岛上的生活给他所带来的幸福："在这种状况下，得到的是什么乐趣呢？在这种情况下得到的乐趣，不在任何身外之物，而在我们自身，在我们自己的存在，只要这种状态继续存在，一个人就可以像上帝那样自己满足自己。排除一切其他欲念而只感受到自身的存在，这本身就是一种非常珍贵的满足感和宁静感。"

把存在感作为一种追求，在这一点上，我和卢梭有很多的共鸣。卢梭说的存在感主要是各种情感形成了有机和谐。这些情感包括对美德的热爱，对自然的审美，对生命的热爱，对幸福的追求，对过去发生的很多美好情感的追忆和想象力的扩张。卢梭之所以在自然中找到存在感有一种深刻的哲学原因，可以用几个字概括，那就是自然与社会的二元论。人在自然状态中是幸福的、自然的和美好的，但进入文明社会后，科技和艺术的发展倾向于把人在自然状态中形成的天性泯灭。我们永远也回不到自然状态，那么就要在文明社会里尽量保持在自然状态下的天性的美好，其中重要的方式之一就是独行，独行的地点大都是在比较原生态的自然中或者乡村里。

生活在工业文明发达、城市化进程加快和人工智能飞速发展时代的我，更能体会到卢梭所说的文明导致天性的泯灭。但和卢梭一样，我并没有完全否认文明，文明确实提升了很多人的精神和创造力，比如我们可以形成各种团体，营造很多有意义的公共空间，在那里，大家的智慧会成倍增长，情感也会非常丰富。然而，文明的消极方面也很显而易见。自从有了很多很长时间的荒野体验后，我发现已经很难适应城市里的精致文明。例如，整齐划一的城市中的自然设计，很难让人产生诗情，大自然的旺盛生命力很多时候被设计给毁了。

此外，城市文明里普遍追求的财富和社会地位让人经常产生攀比和生活的压力，让灵魂不堪重负。还有很多追求消费、舒适和奢侈的流行价值观，让人不再注意灵魂生活，并把灵魂生活看成是可有可无的东西。人工智能日益成为生活很多领域的主流，人的身体的力量成了可有可无的东西，只有理智的东西被认为是高端的和发展的。还有过度的医疗，人们把本来可以自然恢复的很多病看成如临大敌，用过多的药物或治疗去外在干预。

旅游『金三角』首选稻芒香

人与人之间的关系也开始变得技术化、机械化。由于网络的发达，人已经不必依靠经常的见面以获取信息或者获得心理的安慰，多数时用手机代替去完成日常交流。人的表面上的链接日益紧密，但事实上人却日益孤独。正因为以上列举的种种原因，我在城市里常常有压抑之感，需要定期到大自然中找到生命持久的动力之源。

在洛绒牛场除了远足，还有一段值得一提的小插曲就是从洛绒牛场到海拔最高处的五色海大概需要三个小时徒步，而且路段不是很平坦，队友建议骑马，我觉得这个主意也很好。

关于骑马，我更多的是在电视里看到主人公在广阔的草原上飞奔的场面，而且梦中会经常梦见类似的场景，就是一个人在草原上骑马飞奔的场景，尽管自己从来没有学过骑马。但梦中想象的和现实还是有一段距离，梦里骑马的我是自由的、诗意的，然而在现实中骑马的体验确实很复杂。事实上我们骑的是专门用来给游人山上用的骡子，每天由当地人牵领着，大概往返三次。

骑在骡子上，还是胆战心惊的，有很多非理性的担心，担心骡子突然狂野飞奔起来，自己的小命会在瞬间结束。最恐惧的还是在骡子上陡峭的山坡的时候，我体会到了骡子的恐惧，但每到这时，牵骡的人会用绳子去抽打，这样骡子才会顶着恐惧前进。骑骡看美景还是第一次，说真的，内心又激动又心疼，毕竟骡子也有丰富的情感，它也能体会到恐惧、爱、希望，但只是没有人类的语言去表达，它显然没有个体权利的概念，如果有，我想它会用一切办法来反抗人类。

骑骡是我第一次从情感上来思考动物权利问题。彼得·辛格和汤姆·罗根作为动物权利的研究者提出了比较系统的理论去捍卫动物权利，然而我这次是从情感上开始思考这一问题。骡子本身的使命难道就是用于农耕和骑马等人类安排的活动吗？它本身是否有自己独立的内在价值？游人可能很少去想这个问题。我想如果我没有从事环境伦理研究的话，我也可能很少会思考这一问题。但这确实很重要，如果动物有丰富的情感和一些理性能力，而又没有语言去表达出来，而人类科技的发展确实足以强大到毁灭动物，那么人类岂不是犯下了种族屠杀罪行？人类的尊严何在？人类生存的意义何在？难道就在于征服吗？在我看来，总是以科技的发展自居，并以征服的态度来看待人和自然的其他生灵，恰恰反映了人尊严的丧失，人类文明有被毁灭的危险。骑骡大概有一个多小时，牵骡的小伙子把我们放在了通往五色海的地方，开始接后面的游客去了。和骡子分别时，我拥抱了这个柔弱而又坚强的小生灵，真想把它从商贩那里拯救出来，让它能回归自由的生活。只是自己并没有很多激情和勇气去做这件事，我想这是大多数人的生活状态吧。

很多时候，当我们意识到这个世界在某方面出了问题的时候，并没有过多地去关注，即使关注了，采取实际行动的人也极少。能够采取实际行动的人，我想都可以被称作有个性的人，正如穆勒在《论自由》里描述的那样。有个性的人，是一个时代的清新剂，他的思想和行动会对人类文明起着扭转与导航作用，扭转的是我们一直延续的不人道的价值观和实践，而导航的则是新的价值观，这些价值观对生灵的繁荣具有至关重要的作用。虽然没有关注骡子这个可爱的小生灵，但在某些方面觉得自己已经开始走在了行动的路上。我一直想在注重农耕文明的文化里引领一种新的审美和伦理价值观，这种审美和伦理价值观就是用各种方式使人们去欣赏原生态自然的美，并采取实际行动去保护。

一个人行走在洛绒牛场，看着周围万千的野花，行走在大山与草甸形成的广袤而自由的空间里，有一种非常强烈地活着的幸福感，这种幸福感并不源于亚里士多德的理性思辨。应该说，在那样广袤和纯美的空间里，所有的理性思辨刹那间全部休止，而代替它的是流淌着的诗情，这种诗情并没有任何文字在其中，而是灵魂中一种类似能量流一样无法用科学所解释的能量自由流淌。

灵魂能量的诗意流动与眼前流淌着的清澈小溪汇聚成一种新的生命力。那时，突然产生这样一种感觉，即使在这里死去，人生也完满了。写到这里，我想到了一个人，就是自然文学经典《沙漠独居者》一书的作者爱德华·艾比，他是美国著名的文学家，是一生挚爱荒野的人，他死后被安葬在亚利桑那州西南部卡韦萨普里埃塔荒野。我是在博士毕业前借来英文版在深夜中读完的。深夜中阅读那本书更加震撼。深夜的环境，由于声音的退去，而带来一种空旷之感。我想这也许就是人们常说的通感吧。

爱德华·艾比一个人居住沙漠里，一次远足时看到一位老人在独自探险途中死亡了，四脚朝天地躺在地上。他当时并没有表现出怜悯与难过，而是幸福地笑了，为这位老者能这样自由的死去感到高兴。而我的看法和艾比一致。在一片空旷的荒野地区因为探险或者独行而死去，并不是一件非常悲哀的事情。而悲哀的莫过于身体插满了管子，躺在现代化的医院里，亲人在旁边痛哭。而死亡，我们是可以通过一种方式让它变得并不那么可怕。美丽地活着，美丽地死去，也是一种值得追求的生活之一。我们何必用高科技去不断延续生命？我始终坚信，生命至真至深的幸福是无法用科技解决的。

荒原，是一所最好的医院和心理疗伤之地。在城市里，人在各种充满着欲望、权势和竞争的空间中相处，难免要产生出各种消极的东西，或者仇恨，或是嫉妒，或者绝望。人本身的脆弱性又加剧了这种消极的东西。多年的友谊可能因为一句话而终止，多年经营的夫妻感情也可能因为嫉妒和猜疑而破裂，而儿女间的亲情也有可能因为重大疾病而变得痛苦不堪。在这种脆弱中，亚里士多德也承认，当人间重大的痛苦超过所承受的限度之时，那么人很难过一种幸福的生活。然而，治愈心灵创伤的另外一剂良药是自然。自然以自身的美丽迅速消融了人的尘世自我，即使一个人被世界遗忘，或者无法被世界包容。我又想到了卢梭在他的《一个孤独漫步者的遐思》里曾经写过的一段文字，大致内容是他发现他这一代人是无法理解他的思想的，因此，他曾经寄托于下一代。但仔细思索，他的下一代也无法理解他的思想。想到他在人世中的巨大孤独，以及他在自然中找到的生命存在感和意义感，内心被深深地震撼。我想这类似于以前社会里的流放吧。当从政的人因为得罪了官场而被流放到生活条件极其艰苦的荒原，多数人是无法承受这一巨大的打击的。但卢梭作为大哲学家却能以独特的方式重新在自然中找到自我，这也许就是人的自由和尊严所在吧。

高原上的声音审美

——清脆的鸟叫声，经由高山下来的小溪在草甸穿行的流淌声，各种不知名的昆虫叫声……他们把大自然的声音看成是"大自然的交响乐"。

行走在海拔 4000 米的高原上，有一种审美是很多人经常忽略的，那就是声音审美。因为很多人在高原中往往倾向于聊天，及时分享他们的感受和看到的景物。很多时候，这种交谈让我们错过了高原中比较难得的声音之美。

对大自然声音审美的关注，主要来源于我在读博期间经常和家人一起去周围的自然保护区以及州公园去微探险。之所以说微探险，是因为自然保护区里能遇到不少野生动物，另外，由于人很少，有很多未知的东西，所以当时非常留意周围的声音，有一点风吹草动全部入耳。但恐惧之后，再到安全处回忆的时候，所感知到的自然界的声音汇聚成一曲难忘的音乐，时常在耳畔响起。那种天籁与人类创造的音乐相比，非常素朴和悠远，会在心灵中停留很长时间。

到高原上，努力找到很多可以独处的时间，一个人在高原上行走，享受着高原上独特的声音景观。这包括清脆的鸟叫声，经由高山下来的小溪在草甸穿行的流淌声，以及各种不知名的昆虫叫声。由于在高原停留时间短暂，我无法辨别各种鸟儿的名字，但从它们的声音感受到了它们生命的活力与欢快。这与城市里的鸟叫有很大差别。无法从科学的角度去探究这种差别，但能够从叫声的欢快中感受到它们生命的活力。

旅游『金三角』首选稻芒香

在高原上听鸟叫还有另外一个特点。因为空间的辽阔，鸟叫声能传递出一种空旷感。这时空间感和声音感发生通感。通感的发生常常给人带去浪漫主义的情感体验。也许有人说，如果你追求这样的通感和诗意的体验，我们在城市创造一片空间，也能发生。但城市里的人造空间，与自然的大尺度空间是无法相比的。不可否认，人造空间通过人的设计可能会带来很多审美体验，但这与大尺度的空间（例如星空传递出的体验）完全不同。理想的生活应该是拥有以上两种体验才能成就卓越的人生。缺少了城市，人们就不会对荒野有了审美。而缺少了荒原，人天性的很多宝贵特点就会丧失，就会产生被人工智能全然代替的危险。

关于声音审美，美国的戈登·汉普顿和约翰·葛洛斯曼写的《一平方英寸的寂静》，于2014年由商务印书馆出版。汉普顿是声音生态学家，艾美奖的获奖录音师。书中他提到了科罗拉多州科林斯堡，国家公园管理局自然声响计划所在地。它成立于2000年，宗旨在于"尽可能保护与恢复声境资源，预防不可接受的噪声"，并按照四大原则去实现。关于四大原则，值得一提的是两点：一点是强调游客的体验，声音形成的镜像能给未来访客提供喜悦的必要资源；另一点是声境对国家公园整体生态系统的健康和特定野生生物群落的活力至关重要。

他们把大自然的声音看成是"大自然的交响乐"去保护，这一点非常触动我。这也是我在漫步苏州独墅湖后写日记时经常用到的语言。我想，随着城市噪声的日益升级，人们会对宁静的自然日益向往。宁静并不是指没有声音，而是纯自然的声音，这种声音构成了原生态的交响曲，这种自然的交响曲对万物的繁荣有很大的意义，尤其是很多动物是通过声音来辨别方向和觅食的，破坏了大自然的声音，也就相当于扰乱了自然原始的秩序和生命活力。但对声音审美，我更多的是从直觉出发，对声音生态并没有深入研究。但静谧，具有一种特别的吸引力，它能把人带到超越世俗的境界。

我去仙乃日神山之前，曾经在网上查关于仙乃日的一些介绍，后来了解到一个藏区特殊的当地传说，那就是到神山上要安静，如果过于吵闹，那么神山就降雨降雪，给人们带来灾难。无法查到这个禁忌是从何而来的，但觉得这一风俗非常好，和科学理性是一致的。

世界上各种环保组织一直在以理性的方式呼吁环保，但在这里，或者环保这个词对他们来说并不熟悉，这里的自然是他们的精神和肉体家园，他们在生命中已经融入了对自然的敬畏，而不是保护。而保护这一概念是现代工业文明发展的产物，是破坏之后人们的反思。但在藏区的很多地方，人们把一些地方当作神灵，他们不是去"保护"神灵，因为神灵不需要人类的保护，而是要去敬畏。在大自然营地的宾馆居住的时候，早晨醒来，看到宾馆的女主人在一个户外的小烟囱里点燃一些东西，以表达对神山的敬畏。尽管也怀疑过烟囱里的烟是否对环境造成污染，但很快打消了这一想法，毕竟这里地广人稀，这点敬畏之烟很快会被广阔的空间稀释。我们应该尊重很多对自然有着敬畏感的风俗。

大自然营地的遐思

——周围万千的生灵和大山、山间溪流好像都在向我以她们特有的方式敞开心扉，而我则是在完全自由的心绪中与她们畅谈。

在亚丁的第二个晚上，我们住在了海拔 4000 米的一家旅馆，叫大自然营地。营地具有特色的藏家风格，宾馆前是一片开阔的空地，中间种植了很多奇花异草。刚到那里的时候，望着周围雾气缭绕的神山，突然紧紧地抱住队友石金莲，一起开心大笑。另外，也想越过中国文化的禁忌，和男队友们紧紧相拥，但最终还是放弃了。但这种在自然的大美面前，人的喜悦具有一种宗教般的力量，这种力量会让人超越性别、年龄和文化的差别，来共同欢庆生命本身的美丽。

晚上一个人站在雾气缭绕的神山中间，很久很久。极目远眺，因为旅游，这里已经不是一片纯原始的荒原，有很多清晰可见的弯曲的公路和开在路上的车辆不时传来的机械声，还有在山中央开辟的土地，为游客准备的住处。尽管如此，环顾四周，这个地方的大部分保留了没有被现代化文明所侵袭的原生态自然。傍晚，同行的队友们都进入房间内休息了，而我则选择一个人站在那里，享受难得的与大山独处的时光，很久很久。周围万千的生灵和大山、山间溪流好像都在向我以她们特有的方式敞开心扉，而我则是在完全自由的心绪中与她们畅谈。交谈中，身体虽然直立在那里，但灵魂一会儿化作山间奔流的溪水，和她们一起欢唱；一会儿化作山间各种飞虫，与她们一起飞翔。一会儿化作大山，模仿她们的坚毅和高傲，默默地站在她们身边，努力了解她们的历史，怎样的能量铸就了她们今天的坚毅？交谈中其实也并不孤单，我的隔代知音缪尔似乎就在我的身边。

约翰·缪尔是美国目前最大的环保组织之一塞拉俱乐部的创始人，他推动了美国国家公园的建立。他一生充满了对野生事物的欣赏与热爱，写了很多自然散文，歌颂荒原的美丽。对缪尔的最初的认识，还是我在美国读博士期间，一本英文杂志约稿，为他的最新传记《对自然的热爱：约翰·缪尔的一生》。这本传记是美国著名环境历史学家唐纳德·沃斯特的作品。我当时用两个月读完了这本厚厚的英文传记，也流了很多眼泪，心灵被极大地触动。主要是他对荒原那种炽热的和纯粹的审美欣赏，并去积极地汲取生态学、地质学等知识，而终极目的是更好地欣赏荒原的美。缪尔对自然尤其是荒原的炽热的审美对我影响颇深，一直到今天，只要是独自一人行走在比较原生态的寂静的自然中，脑海中总能浮现他的身影。

情感在山间漫游的时候，不知不觉天色已黑，这种在自然中一个人久久伫立望着远方的行为本身还是引起了同行队友李飞的好奇，他后来发给我他拍摄的一张照片，我才意识到原来自己的这种习以为常的行为已经给同伴带来了惊奇感。或许，在中国文化里，荒原中一个人的独处依然并不是文化的主流，更多的是同伴有说有笑地到自然中去，这种方式比较常见。但不知为什么，有了很多在美国的荒原体验后，越来越痴迷于一个人的独行这种在原生态自然中的孤寂所带来的灵魂的深度幸福感。

在享受自然中的独处这一点上，我对梭罗在《瓦尔登湖》中描述的文字非常有同感。"我发现大部分时间独处是很健康的。与人相处，即便是和最好的人，很快就会变得无聊和浪费时间。我热爱孤单。我从未找到比孤寂更好的同伴。大体上说，混迹于人群之间，总比在室内独处来得更加寂寞。"

尽管与梭罗一样，非常享受一个人在自然中的审美时光，自然在道德上是价值中立的，她不会评价你，也因此少了很多烦恼。但人类社会由于漫长而复杂的文明史，积淀了很多审美价值观，这些价值观包括对年龄、

旅游『金三角』首选稻芒香

对容貌、对社会地位、对才能等的品评，而人类很难做到不受这些品评的影响，很多悲剧和哀怨也由价值观带来的品评产生。然而，与人的相处，也不总是悲剧，关键是这种相处建立在何种基础上，功利基础上的相处很容易带来烦恼与压力，但还有很多基于审美上的相处。如果找到有相同趣味的人，人与人相处带来的享受丝毫不亚于欣赏大自然之美带来的享受。在这方面，休谟在其《道德原理探究》一书中有非常精彩的表述。例如，在团体生活中，人的幽默风趣、人的礼貌和高贵的灵魂等都能成为人的审美欣赏的对象。这样的人在人群中也许很多，但不容易在自己的圈子里遇见。很多日常的相处更多的是一种模式化的相处，因为非常有个性的灵魂还是属于少数。而在以利益共同体为核心所构成的各种团体中，有个性的灵魂通常是受到人们排斥的。所以，非常有个性的人，尤其是与主流价值观有不同意见并很难被认同的人，是非常孤单的。有一些因为长期得不到理解而精神受到影响，但还有一些哲学家成功冲破了时代的局限，从自然中找到了永久的精神寄托与幸福。

在这方面，卢梭就是一个典型的例子。他在自然中找到了一个纯美的精神可以得到栖息的世界，远离人类社会的不公正的舆论给他带来的消极影响。卢梭在他的《一个孤独的散步者的梦》中记录了很多远离人类社会给他带来的舆论攻击后，他回到自然所找到的平静而深刻的幸福。他在1765年到达圣皮埃尔岛后，在岛上度过了近两个月的时光，用很多文字描述了自然中的宁静所带来的幸福。他这样写道："在坎坷不平的漫长的一生中，我发现，最使我得到甜蜜的享受和舒心的快乐的时期，并不是最常引起我回忆和使我感触最深的时期。那令人迷醉和牵动感情的短暂时刻，不论它是多么活跃，但正是由于它的活跃，所以在生命的长河中只不过是几个明亮的小点。这种明亮的小点为数太少，而且移动得也太快，所以不能形成一种持久的状态。我心目中的幸福，绝不是转眼即逝的瞬间，而是一种平平常常的持久状态，它本身并没有任何令人激动的地方，但它持续的时间愈长，便愈令人陶醉，从而最终使人达到完美的幸福的境地。"

卢梭并没有明确提出人生中的明亮的几个小点是什么，但从他在《忏悔录》中所记录的人生事件看，我想很多明亮的小点与他在那个时代的上流社会中获得的名声密切相关，而且也包括爱情。但更多的时候，他更怀念顺着自己的情感漫游的日子，这种漫游包括自然中的行走，也包括创作与想象。

我也不知从何时起开始痴迷于在自然中的独行和情感在自然中那种没有任何理性的规则所限定的漫游。但也不排斥和朋友在自然中的行走，尽管很多时候我宁愿没有同伴的独行。和同伴在一起，很多时候依然在谈人间之事，紧密围绕人的生存和人的事业。但对我来说，我更渴望的是一种远离并超越现实生活的超验的美，是和自然生灵神游的美。尤其是对原生态的自然来说，那里是一片惊奇之地，是能提升人的精神性的神圣之地。我说的这种神圣并不是说需要与上帝的联结，而是因为自然的美本身带来的惊奇之感。这是城市与乡村生活所无法提供的荒原审美情感。

高原上的友谊

——高原则是这样一个理想的环境，这里地广人稀、大尺度的景观和绝美的荒原景观，都会激发起人心灵中深埋已久的哲学理性和原生态的情感。

二十天的行程很快结束了。

结束那天，我们同行的队友住在了云南迪庆藏族自治州花间堂的一家民宿里。来自旅游学院的队友亲自精挑细选的民宿，果然很有品位。从原生态的自然空间进入人类文明设计的自然空间，依然很亲切。我想这是由于民宿设计里追求的一种审美与高原上的美有种对应性吧。

进入大厅中央是一个小火炉，望着木头燃烧而带来的温暖倍感亲切，马上增加了对这个空间的喜爱。感受着木火辐射的光和温暖，立刻想到了利奥波德对火的浪漫描述：

"此刻在我的壁炉里熊熊燃烧的这段橡木，原本生长在一条移民走过的古道旁边。那是一条顺着沙丘蜿蜒而上的道路。我在砍倒那棵橡树时，曾经量了一下它的树桩，直径约为 30 英寸。它有 80 圈年轮，因此，当年新生的树苗肯定是在 1865 年，也就是内战结束时，留下了第一圈年轮。令人感到温暖的是，这株橡树逃脱了夭折的厄运，它幸存下来并吸收贮藏了八十载的六月阳光。直到我的斧锯介入它的生长过程，这些阳光的热量才被释放出来，在 80 次大风雪中温暖着我的木屋和我的心灵。每次大风雪来临时，我的烟囱冒出的缕缕轻烟都在向人们证明，阳光并没有白白照耀。"

旅游『金三角』首选稻芒香

这段文字来自于利奥波德的经典文学作品《沙郡年记》。这是一本被称为绿色经典的环境文学作品，和梭罗的《瓦尔登湖》齐名。奥尔多·利奥波德（Aldo Leopold, 1887—1948）是美国著名生态学家和环境保护主义者，也是大地伦理的创始人。我读博士时的一个老师名为克里考特，其一生的学术研究都是在不断捍卫利奥波德的大地伦理学。但我那个时候对他的理论并不是很感兴趣，尤其是在自己生态科学知识很欠缺的情况下，很多时候并没有深入了解他的思想。但自从 2014 年夏天我去约翰·缪尔纪念公园参观时，也特意去了利奥波德中心，那是个非营利组织，是在已经相继去世的利奥波德的五名子女推动下建立的。

我在利奥波德中心志愿者的带领下参观了利奥波德在沙乡自建的小木屋，小木屋前面有一个长方形的木桌和一个长木椅，利奥波德的很多创作是在那里完成的。木屋的周围是一片非常开阔的野生草坪，周围被森林环抱。之所以经常想起利奥波德，是因为他对荒原的那种浪漫的情感，而且这种浪漫并不是直觉基础上的想象的浪漫，而是有着扎实的科学事实的浪漫，这一点更为难得。而这一点正是自己所欠缺的。对荒原的深度欣赏，仅仅有人文的知识是远远不够的，荒原到底是什么，它能提供怎样的生态系统服务？它是否可有可无？那里的动植物都有什么？这一系列问题，都需要科学知识的背景。但只是科学知识本身，不一定会对荒原有审美欣赏。知识本身可以在有些人身上产生审美效果，而在另外一些人心中则被认为损害了审美欣赏。《瓦尔登湖》的作者梭罗就曾评论过科学知识的枯燥性问题，梭罗更多的是从个体感受和审美直觉的角度去欣赏瓦尔登湖的四季风景。

从火给人带来的联想中回到现实空间，和队友刘老师一起坐了很久，聊民宿，聊设计，聊人们为什么喜欢旅行。同聊的是在中国旅游学报工作数年的已经退休的队友。尽管是完全不同的领域，但因为对同一个概念的兴趣，我们逐渐有了很多共同的话题和一些相似的观点。他对我 2017 年发表过的一篇英文文章《中国哲学接受荒野吗？》非常感兴趣。他的兴趣也让我产生了兴趣：为什么搞旅游规划的人会对荒野感兴趣？后来，通过交谈了解到，他以前曾做过一个内蒙古地区的环境规划项目，他主张保持所规划地的荒野状态，而不去过多地建设，但后来还是没有中标，他感到

很遗憾。因为无法从理论上说服人去接受荒野的概念。毕竟，荒野这一概念在中国文化氛围内还很陌生。从荒野聊到人们为什么去旅行，在这方面，我们有共同的观点，即未来的青年人会日益到"受人类文明干扰比较小的地方"去旅行。巨大的差异会给人带去不少深刻的人生思索。

晚上的时候，队友阿飞买了一瓶葡萄酒，我们就在民宿的二楼（二楼有一个比较安静的空间，而且有一个帘子可以作为隔间）继续喝酒畅谈人生。二十多天的旅行后，我们同行的队友，尽管来自不同的年龄层，但依然不妨碍彼此间进行深入的交流。而且值得一提的是，我们每个人都不像社会上很多应酬性的酒桌那样劝酒，但每个人喝得很多，很尽兴。

不同年龄层次的队友围绕着人生一些共同的话题展开了非常深入的分享与探讨，包括旅行中的爱情、婚姻与责任、友谊、好的生活、职业与选择等。大家敞开心扉，面对相处二十多天的不同年龄和性别的队友，几乎是把在人类社会中所埋藏的很多无法开启与表达的苦闷、思索和快乐全部分享，一直到凌晨三点钟。

聊天聊到凌晨三四点，这样的经历并不多，并且每次聊天，记忆都非常深刻，甚至聊天的内容至今依然清晰记得。回顾起来，凡是聊天聊到凌晨的大多是哲学意义上的对话，而且聊天的人数有六七个，每个人都是完全不同的气质和观点，有的是非常幽默，有的则是冷幽默，聆听半天，突然冒出一句话逗得大家哈哈大笑。聊天的话题包括信仰问题、种族歧视问题、婚姻问题、生命的质量问题等。这些都是大家在日常生活中会经历到的问题，但不是每个人都能深入去谈到它们，并不是因为大家太忙，而是因为生活的现实和一些习俗的偏见让大家倾向于去回避谈论这些敏感的问题。只有在一个特别的环境，人们才会去深入探讨。而高原则是这样一个理想的环境，这里地广人稀、大尺度的景观和绝美的荒原景观，都会激发

起人心灵中深埋已久的哲学理性和原生态的情感，这里也没有竞争带来的压力，慢节奏的生活非常有利于促进哲学深层次的思索。

就这样，我们每个人在酒和音乐的伴随下，内心中埋藏已久的东西全部在队友面前呈现。非常享受这样的高质量的时刻，人与人之间不再隔着一堵永远无法穿透的墙，而是在火山般的热情中迅速把心墙融化，走进每个人的内心世界。这是一件非常美好的事情。

在城市中形成的理性尽管在很大程度上促进了社会的进步，但人们也往往将这种理性应用到日常生活中，人与人之间形成难以逾越的隔阂。人与人之间变得越来越有礼貌了，越来越客气了，朋友的数量也日益增多了，尤其是通过微信的联结，但一种东西却在日益减少，这种东西就是人们非常渴望的深度联结，包括情感上的，也包括理性上的。

那天晚上，我们队友一行六人进行的事实上是一场深刻哲学意义上的对话，有点亚里士多德味道的对话，因为很多话题涉及人类对好的生活的判断与行动上的选择。到底什么是值得我们用生命热情去投入的，什么是该放弃的？交谈中发现队友阿飞是一个非常有趣味的人，作为大学教师和资深的背包客，曾经带领一家人几乎走遍了美国 50 个州，还有世界上很多比较原生态的荒原地区。他很擅长写诗，途中经常以诗的形式分享自己的感受。他的研究领域尽管不在我所感兴趣的生态伦理与生态审美领域，但从某种程度上来说，他是生态审美的实践者，是身体力行的美学家。这次能遇见灵魂和身体一直在路上的朋友，内心的喜悦是难以形容的。

人世间友谊凝结的方式有多种。在中国文化中，患难见真情是很多人所追求的一种友谊，在人生最艰难的时候，最能给你送温暖的人也就是最值得信赖的朋友。这样一种友谊往往建立在具体生活的基础之上。但我更追求一种超于生活的形而上基础上的友谊，它更能体现人本身的尊严。因为人除了现实的生活，还有对超乎生活之外的更大事物的追求，这一更大的事物，或者是自然，或者是哲学，或者是荒原等。人除了具有人性之外，还具有神性，这种神并不是宗教意义上的神，而是某种超乎与理性和人情的东西，也就是艺术境界。很难用语言去描述这样的境界是怎样的一种心灵状态。我所渴望的灵魂上的友谊在生活中并不多见。尽管遇见过很多朋友，在相处的时候彼此在生活上给予不少帮助，但距离和价值观的变化概念化了不少朋友圈的生态，最后留下来的朋友基本上是有共同的审美偏好和价值取向的人，可以共同追求某种善的人。真正的知音，一生能有两三个就已经足够。

荒原之诗的追求历史

——常常暗自庆幸，自己已经到了中年，在面对荒原的时候，灵魂依然能激动起来。

　　回想起来，把荒原看成是诗，并成为生命中努力追求的一个远方，至今已经有近十年的历史了。灵魂对荒原的最初发现并得到深深的震撼，还是在 2008 年，我在美国北得克萨斯大学攻读博士学位的时候。这所大学的哲学系有一个研究方向在美国非常著名，这一研究方向就是环境伦理。当时有一门名为"田野哲学"的选修课，地点在智利亚南极的一个叫作 Omora Park 的自然保护区上。这是一片比较原生态的荒野，受现代工业文明的干扰极小，更多的是自然力在控制。尽管土著居民雅甘人曾经在那里居住过，但他们都已经集体迁出到一个雅甘人聚集的中心小镇。那里没有铺好的水泥路，但有一些土步道。很多地方甚至没有步道，我们就踩在荒野的土地上穿行。每天大概 8 小时都是在荒原中度过，晚上的时候就露营在山里面。那是我第一次近距离地接触荒野，彻底被野性的美震撼了！回到美国后，我就开始寻找和我去过的智利的这片荒野接近的地方。应该说，从北京来到美国丹顿小镇的前几年，在一些方面是非常失望的。主要是因为北京到处存在名胜古迹，而这个小镇几乎没有我希望去拜访的景点。所以，很长一段时间，我的主要活动空间只限于教室、食堂和公寓。但后来一次和朋友去得州附近的州公园 Robert Lake State Park 露营，看到很多营地附近一种野性的景观，突然发现，也许这就是美国所特有的荒原景观。

旅游『金三角』首选稻芒香

而我过去一直寻找的是有人类历史痕迹的景点。后来，就开始组建自然之友俱乐部，组织身边的朋友到野外远足。得州附近的很多自然保护区，我基本都组织他们拜访过。就是在这两年荒原漫游的日子，荒原之诗开始逐渐向灵魂展现，也开始了几乎是一生的执着追求。这次受到朋友邀请去稻芒香旅游，并撰写旅游日记，就一直为此兴奋了好久。常常暗自庆幸，自己已经到了中年，在面对荒原的时候，灵魂依然能激动起来。由此想到了英国湖畔诗人华兹华斯的诗歌，我心雀跃。大意是每当我看到天空挂着彩虹，内心就开始激动起来，就如当初刚涉入人世间。如今长大成人后，我看到彩虹依然会内心雀跃，我希望我到老时也是如此，要不然就宁愿入坟。我希望自己到老年见到荒原的时候，这种激动的心情不要消逝。

回到苏州后，我用了两年的时间把周围大大小小的国家公园几乎全部拜访了，然而，这些地方却无法吸引我不断地去探索。苏州的自然美景不少，例如上方山国家森林公园、太湖国家湿地公园和苏州园林等。尽管这些园林式的公园风景如画，但不知为什么，经历了荒原后，就不再被这种风景如画的景观吸引了。苏州各种公园里，人文的景观非常丰富，而且作为全国有名的旅游城市之一，很多景点总是挤满了人，大家到公园里基本上是被各种人文景观吸引，而且公园的导引也是各种人文景观，这里面还没有比较成熟的自然解说，更多的是人文解说。这些地方只是旅游景点，并不是我所渴望的国家公园。能给我带去艺术想象力的公园需要有很多特点：第一大特点就是荒，我说的荒并不是消极的意义，而且充满了丰富的未被规划设计的生命多样性。第二大特点就是客流量要少，这样我们会有充分的时间享受自然中的独处，而独处对心灵的创造力是相当重要的。第三大特点是要有一些基本的供人们体验的原始游憩的机会，这包括一些没有柏油路的路面，而只是泥土构成的步道，另外就是比较规范的露营设施和管理。我看到苏州各大公园里也有很多游客拿着帐篷在户外，没有露营，只是白天在那附近烧烤。由于没有统一的规范和管理，游客就随处搭帐篷，所搭帐篷处，经常是垃圾满地。这些都是公园缺少相关环保理念和管理不善的结果。苏州高度人文化的景观也许带去另外一种地方的体验，大家在那个空间里，体验空间里的历史，因为有很多名人的家和名人的足迹在那里，能给人一种历史感。而且佛教寺庙很多，大家在那里举行很多宗教仪式，也是一种生活方式。但我更追求的是一种对个体性的突出，每个人在自然里将内心很多原始的创造力、审美力和生命活力点燃，对我来说这是我迷恋自然的重要原因之一。我们除了是历史的一部分，更属于我们自己，而欣赏大自然是欣赏自己的重要一部分，毕竟个体来源于自然，我们与自然在很多方面息息相通。而这些能力的点燃通常在个体与比较原生态的自然独处的时候。

在苏州很难找到我心中的荒原，这对于痴迷于荒原的我来说是很难适应的一点。所以，总是要定期地到贵州、云南、西藏等地方去寻找。这次应接受好友石金莲的邀请加入这一生态写作团队非常高兴，未去之前就已经是激动良久。回来之后，高原上见到纯洁之美的激动依然如苏州秋季的桂花树，释放着浓香，它给城市中已经模式化的生活不断注入活力。

荒原与生态旅游

——去了一个远离文明的地方，能做出超越世俗的理智而美好的决定，让生活变得更值得……我想这就是生态旅游的一大魅力吧！

对生态旅游这个概念，我曾经是排斥的。每次一提旅游这两个字，我眼前浮现的经常是这样的场景：有很多的人，使用着高度现代化的交通工具和设施，消费着精美的食物，随着大队伍，一会儿好奇地看看这个景点，一会儿又涌向另外的景点。

我在年轻时也曾经这样旅游过，但现在回想起来，很多记忆都淡去了。很多记忆十分深刻，而且对一生都有影响的并不是大众旅游，而是少量的人在荒原中的独行。我头脑中的荒原景象主要指曾经多次拜访的有很少人类活动的美国自然保护区、州公园和国家公园等。这是我读博士期间形成的荒原印象，这里面有一些野生动物，但很少遇见大的捕食动物，多数时间是安全的。我每次去拜访的时候，荒原里的人基本上就是我带的那些人。因为人很少，所以对荒原里的生灵的感受就特别深刻。而生态旅游我也是第一次听说，主要还是因为同行的好友石金莲在这个领域已经研究数年。我从她那里了解到，生态旅游是澳大利亚传过来的概念，而生态旅游的地方通常是在人烟稀少的荒原地区。我来到芒康县之后，在那里的工作人员的陪同下，参观了一个露营地，我看到有很多基本的设施已经建好，而且海拔较低，完全可以成为一个生态旅游的地点。而且，可以这样说，芒康的很多自然环境在尚未被现代工业文明所破坏的时候，很多的地方都可以

旅游「金三角」首选稻芒香

成为绝佳的生态旅游地。但要发展生态旅游，关键是思考这样两个问题：一个是人们为什么要旅游，生态旅游有怎样的魅力会吸引人们过来；另外一个就是生态旅游如何能推动环境正义。

在我看来，旅游是一种暂时的逃避，逃避现实生活的一些不完美，而到远方寻找诗和希望。有一个例子能很好地证明这一点。我读博时有一个比较好的朋友，他的家庭非常不幸福，多次想离婚但迟迟下不了决心，后来他这样说："我要去西藏，然后再做决定，是否离婚。"我非常理解他的心情。在俗世中，我们的很多决定通常是按照惯例，这个惯例就是一种流行的风俗。而当我们去了一个远离文明的地方，就能做出超越世俗的理智而美好的决定，让生活变得更值得。而这样的决定要在美的激发下才能实现，西藏则是最佳的地点。我想这就是生态旅游的一大魅力吧。人们到较少的受工业文明影响的地方，看到原真性的自然，那种美就有了宗教性的力量。这是很多城市和乡村里的很多景点所无法相比的。人们需要大尺度的、崇高的美去激荡灵魂，使得在俗世中濒临沉睡的自我苏醒。

另外，生态旅游如何推动社会正义？这是我在和队友拜访芒康时阅读的一篇学术论文，促使了我深入思考生态旅游的价值，而不是仅仅在情感上去排斥。我跟随当地的工作人员，拜访了芒康的几个村落，深入了解到当地人在生活上有很多困难，比如医疗和卫生方面等。我在想如果当地在一些地方发展生态旅游，也许他们的条件能所有改善。但如果成立各种保护区，在保护区开辟出一小块来给人们进行生态体验的活动也许更好？这就带来了一系列问题，如果发展保护区，那么很多的宾馆等设施就不能建，因为严重影响旅游。但我们或许有另外一种方式弥补：生态补偿。让来参观的人进行捐款等，大家共同保护原生态的美。

不管怎样，总觉得不能以牺牲原生态的美为代价去发展旅游。这就需要全社会的共同关注。而我作为荒原哲学研究的学者，能做的就是以思想的力量去影响各方面的行动，以推动这一有意义的事业。

旅游『金三角』首选稻芒香

第五篇
稻芒香"金三角"旅游攻略

一、关于"金三角"

人们提到"金三角"最先想到的应该是位于东南亚泰国、缅甸和老挝三国边境地区的三角形地带。由于这一地带历史上盛产毒品，且各国政府没能对各自边境地区形成有效控制和管理，导致毒品的种植、生产、走私泛滥。泰国政府在三国交界处竖立起一座刻有"金三角"字样的牌坊，此后"金三角"所指代的这一区域便闻名于世，同时也成为毒品的世界性标签。

而我们要说的是距离毒品"金三角"有1000千米之遥的稻芒香旅游"金三角"。稻芒香旅游"金三角"位于川滇藏三省区交界、大香格里拉生态旅游圈腹地、茶马古道文化线路中心、横断山脉和三江并流的核心地带。这里地势高峻，山岭连绵，河流纵横，景观壮美，民族多样，文化厚重，是全世界旅游者向往的天堂圣地，也是中国面向世界推出的一张精彩的旅游名片。

二、稻芒香"金三角"的地理位置

稻芒香旅游"金三角"地区包括西藏昌都地区的芒康县，四川甘孜藏族自治州的稻城县、乡城县、得荣县、巴塘县、理塘县，云南迪庆藏族自治州的香格里拉市和德钦县。稻芒香分别指稻城、芒康、香格里拉，是"金三角"区域旅游圈最为精彩的部分。

从交通路网来看，稻芒香旅游"金三角"是由214国道、318国道、云南境内219乡道、四川境内216省道和217省道包围起来的区域，也是人们常说的川藏线、滇藏线和川滇线的合围地带。三角形只是稻、芒、香三地直线连接构成的形状，其实由各级道路围成的区域更像一个立着的不规划的圆锥切面。

旅游『金三角』首选稻芒香

三、稻芒香"金三角"与川滇藏地区、大香格里拉地区

川滇藏地区是我国的行政区划概念，是四川、云南和西藏的总称，占全国总面积的22%。

大香格里拉地区是一个文化概念，它的文化根源是《消失的地平线》中所描述的香格里拉世外桃源，是与都市文明和工业化相对的自然秘境，也是现代人苦苦追寻的精神家园。大香格里拉地区空间上大致为：西至西藏的林芝地区；东到四川的泸定，还包括岷江上游；北至四川最北部的若尔盖及石渠县最北端，包括青海果洛藏族自治州及甘肃最南端一部分；南至云南省丽江一线。如果用经纬度来表示则为东经94°～102°，北纬26.5°～34°围成的区域。

稻芒香"金三角"是一个旅游概念，它是大香格里拉的核心地带，拥有大香格里拉地区品级最高的自然风光和文化景观，是文化遗产和民族风情最为集中的区域，同时兼具川滇藏不同地域的文化特色。而且，稻芒香"金

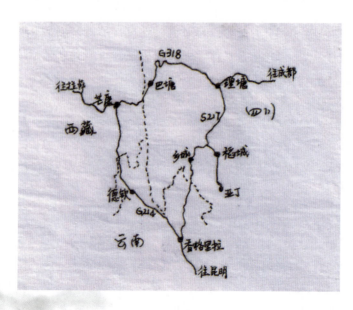

三角"旅游业发展成熟度较高，交通相对便捷，旅游设施和服务设施较为完备，人口相对密集，旅游服务水平较高，区域内医疗和救援条件较好。可谓是，凝聚了大香格里拉地区的精华元素，是最合适旅游者感受香格里拉和藏地风情的"金三角"旅游区。

四、稻芒香"金三角"的重要节点和进出门户

离开城市的喧嚣和浮躁，踏上稻芒香"金三角"环游之路，如同即将到来的一场心灵朝圣，又仿佛将思想沐浴在佛光之中，眼睛在天堂，身体在通向天堂的路上。香格里拉、藏地秘境、稻城亚丁、茶马古道、三江并流、千年盐井、梅里雪山、咆哮澜沧、浪漫乡城、理塘草原……全部都串联在黄金三角区域内。

稻芒香"金三角"旅行线路分为顺时针和逆时针两种，每一种又有封闭式和半封闭式两种选择。排列组合后的四种旅行线路几乎全都可以覆盖上述自然和文化景观，它们的区别是出发地的不同和旅行时间的长短。在介绍四种旅行线路之前，先要清楚稻芒香"金三角"的几个重要旅游节点和它们在旅行线路组织方面的重要作用。

香格里拉市（原名中甸县、香格里拉县）拥有机场且距离市区只有 6 千米，陆路有 214 国道与丽江相连，进而与大理、昆明贯通，是"金三角"旅游环线重要节点和进出门户。

拥有与香格里拉同样门户地位的还有稻城县，稻城亚丁机场位于县城北 50 千米处，217 省道将县城和机场连接起来，可沿此省道将游客送往县城南面 80 千米之外的亚丁景区，也可向北前往与稻城县相隔 150 千米的理塘县。从理塘便可上 318 国道，西可进西藏，东可至成都。

芒康县城位置十分特殊，它是 318 国道和 214 国道的交会处，即川藏线和滇藏线在此相遇。两条重要的进藏线路共同向西一起直到帮达后，再次分开，318 国道继续向西往拉萨方向，而 214 国道则向北进入青海，最

后终于西宁市。芒康县是西藏自治区的东南大门，是"金三角"唯一一个在西藏境内的县。芒康在"金三角"环线中的作用无可替代，它将川滇旅游者引入西藏，是由陆路经过四川和云南的旅游者真正来到西藏的第一站。可以说，"无芒康，不环线"，没有经过芒康就不能形成川滇藏旅游的"金三角"。没有来到芒康，而只在四川甘孜州和云南迪庆州旅行的人们，大多会留下"来到藏地却没有进入西藏"的遗憾。

五、稻芒香"金三角"旅行线路选择

第一种，顺时针封闭式"金三角"旅行线路。

从昆明、大理、丽江方向乘火车或汽车到香格里拉的旅游者，以及从全国主要城市飞往香格里拉的旅游者，将从香格里拉开启"金三角"之旅。他们游览完香格里拉之后，按顺时针的方向沿214国道往德钦县方向行进，经过梅里雪山转向北，进入西藏芒康县南部的木许乡、纳西民族乡和曲孜卡乡，一路继续沿214国道北上130千米至芒康县城（嘎托镇）。由芒康县城转头往东，沿318国道行进，70千米后过金沙江出西藏，进入四川省巴塘县境内，继续往东经理塘后折向南，往稻城方向。沿217省道150千米后到达稻城县。在游完亚丁景区后，经216省道到达乡城县，再南下经219乡道回到香格里拉。"金三角"的顺时针封闭式线路全程1300千米。

从国内大城市飞往稻城亚丁的旅游者可以此为"金三角"旅行环线起点，顺时针先游览亚丁景区，然后往乡城和香格里拉，经德钦、梅里进藏，向北行至芒康县城往东，经巴塘至理塘，折向南回稻城。如果是从东北、华北、华中、东部沿海地区经成都来"金三角"旅行的旅游者，可从成都往西至理塘，再向南下稻城亚丁进行顺时针环行，最后返回理塘后继续往东回成都。成都虽然航班多，机票相对便宜，但是以成都为起止点的旅游者要比以香格里拉和稻城为起止点的旅游者多走1100多千米，约多两天时间。所以，对于时间不宽裕的旅行者来说，以香格里拉或稻城作为"金三角"旅行的起止点较为合理。

旅游「金三角」首选稻芒香

第二种，顺时针半封闭式"金三角"旅行线路。

此线路是放弃川滇线，而选择更为精彩的滇藏线和川藏线，且起止点不在同一地点。可以先从全国各地飞往或驾车前往香格里拉，在市区及周边游览后沿214国道向东北方向行进，经德钦县和梅里雪山，往北进入西藏芒康。从芒康县城往东，经巴塘、理塘，再南下往稻城。在游览完稻城亚丁后，不再回香格里拉，而是从稻城亚丁机场离开"金三角"。或者，驾车走一段回头路从理塘往成都方向。

这种线路选择的优势是更加节约时间，可以把有限的假期放到"金三角"最精彩的部分，即稻、芒、香。线路所形成的形状，大致呈略微倾斜的字母"C"，线路总里程约1100千米。

第三种，逆时针封闭式"金三角"旅行线路，是第一种的反向线路。

第四种，逆时针半封闭式"金三角"旅行线路，是第二种的反向线路。

六、稻芒香"金三角"旅行交通工具选择

（一）"金三角"环线内部交通

无论采取以上四种的哪条旅行线路，旅游者在稻芒香"金三角"旅行必须依靠汽车作为交通工具，或自驾车，或在香格里拉和稻城租车自驾，再或者从香格里拉和稻城包车或通过旅行商定制线路。

自驾车最灵活，可以在封闭式和半封闭式线路之间进行随意切换，进出"金三角"也不受机票或其他限制。但是，远距离开车过来较为辛苦，需要注意天气、路况和行车安全。

租车自驾在和租车公司临时商定后，如果该租车公司为连锁租赁公司，有异地还车业务，则也可以不还到取车地点，从而方便行程调整。需要注意的是，采取这种方式时还要妥善安排好从香格里拉或稻城离开"金三角"的大交通。

如包车或通过旅行商定制线路，一旦谈好线路与旅行时间，通常行

程不便更改。尤其在旅游旺季，司机师傅自己或经由旅游公司会将接下来若干天的日程排满，如遇特殊情况必须更改行程，则可能会多付出一些费用。

（二）"金三角"环线外部交通

随着我国西南地区交通路网和新机场的建设，尤其是川藏铁路、滇藏铁路的规划建设，以及各条国道、省道、县道的不断建设与完善，稻芒香"金三角"外部交通变得四通八达，为旅游者提供了越来越多、越来越灵活的交通选择，以方便人们到达和离开这片山河壮美的人间乐土。

目前，旅游者进入稻芒香"金三角"最方便的方式是乘飞机前往稻城或香格里拉。时间比较充裕的旅游者可以将稻芒香"金三角"与川滇藏三省区的其他旅游地串联起来游览。比如"金三角"+昆大丽，或"金三角"+成渝地区等。

这样，旅游者可以乘飞机或火车至成都或昆明，再从两个省会城市出发前往稻芒香"金三角"。有所不同的是，从成都出发目前只能通过汽车前往，而且至稻城一天路程太过紧张，通常要两日。这种情况在未来川藏铁路建成通车后会有所变化，届时理塘可能成为"金三角"环线上又一个重要节点。

而从昆明出发的交通选择可能会多一些，全程的高速公路已经将昆明、大理、丽江、香格里拉串成了一条十分重要的滇西北旅游黄金线路，600多千米的高速路一日可达。从昆明乘火车可至丽江，到2020年丽江至香格里拉铁路通车后，便可从昆明、大理、丽江任一城市坐火车前往香格里拉。而且香格里拉至北京、上海、广州、成都、重庆、西安、长沙、昆明、西双版纳均有航班。

七、环游稻芒香"金三角"

（一）芒康：不可错过的华彩篇章

"无芒康，不环线"，"无芒康，不西藏"。"不入芒康，何谈进藏？"

作为西藏唯一处于川滇藏旅游"金三角"环线上的县城,芒康的景观地位和对旅游者心理层面的影响力不容忽视。

稻芒香,芒康在中央,无论正环反环,它都是支撑起"金三角"旅游环线非常重要的部分。虽然,四川的甘孜藏族自治州和云南的迪庆藏族自治州均属藏区,到处也都能看到白塔、经幡、藏房和喇嘛庙,但这里毕竟只是藏区,而不是真正的西藏。

没错,行政区划就是如此神奇。不信,请到川藏交界的金沙江大桥和滇藏交界的隔界河看一看在那里争相拍照的人们吧!

(二)善妙芒康

芒康意为"善妙之地",是康巴文化的核心区域,古有"古道咽喉"美誉,今有"藏东门户"别称,地处藏、川、滇三省(区)交界,澜沧江、金沙江两江并流区域,东与四川巴塘县隔江相望、南与云南德钦县山水相

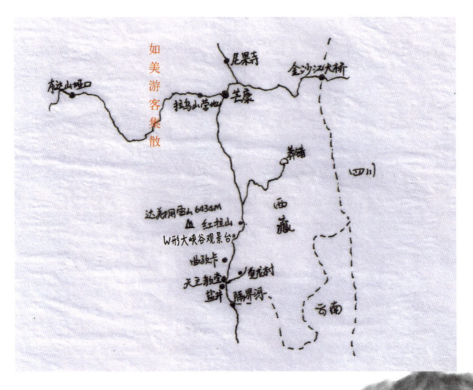

连，属大香格里拉生态旅游区的腹心地带。全县人口 10.98 万，是西藏除地市城区所在县外人口最多的县。

芒康是西藏自治区开放的前沿，教育的高地，文化的福地。得天独厚的区域优势，孕育出芒康既融合多元又特色鲜明的旅游文化资源，在拥有圣洁雪山、高原湖泊、高山草场、原始森林、佛教庙宇等高原特有资源的同时，还拥有 4 个西藏"唯一"：唯一的千年盐田、唯一的 108 眼康养温泉、唯一的百年葡萄酒之乡、唯一的天主教堂。

嘎托镇是芒康县城所在地，海拔 3900 多米，318 国道和 214 国道在此交会。县城南距香格里拉 406 千米，距德钦 220 千米；西距左贡 158 千米，距拉萨 1270 千米；东距巴塘 105 千米，距成都 940 千米。芒康县是经四川、云南入藏的第一站。

八、县城之南

（一）隔界河

云南和西藏在 214 国道上的交界点，是滇藏线上进出藏的标志地，对旅游者来说具有特别的意义，几乎进藏方向的旅游者到此都会下车拍照。不过目前这里只有省界界碑、公路标牌、跨公路的交通牌坊以及澜沧江对面"西藏—芒康"的白色字样，没有专供人们停车、休息的设施。因此，这里不宜久留，停车也注意紧贴路边，拍照、过马路注意过往车辆。

（二）盐井千年古盐田

盐井古盐田位于县城南 115 千米处，214 国道旁，澜沧江东西两岸，平均海拔 2300 米，是世界上唯一完整保持最原始的手工晒盐方式的地方。盐井因当地特产井盐面得名，藏语称"察卡洛"，这里早在清康熙年间就成为藏东地区的盐务重镇，是茶马古道必经之路。

盐田历史悠久，传说唐朝以前这里就开始制盐，至今已有 1300 多年的历史。盐井目前产盐的主要是纳西乡，从事盐业生产的有 320 多户，

3000 多块盐田。上盐井村和纳西村位于澜沧江东岸，产"雪花盐"，俗称白盐；加达村位于澜沧江西岸，产"桃花盐"，俗称红盐。红盐产生的原因是澜沧江西岸的加达村盐田用当地的红黏土垫底，所以晒出的盐为紫红色；而对岸的盐井村和纳西村不用红土做底，所以晒出的是白色盐。

盐田制盐设施根据功能包括盐井、公共卤水池和晒盐作业区（也称盐田）。盐井位于江边，用不规划的石块垒砌而成；公共卤水池位于江岸近盐井处；每个盐井围绕的作业区约有上百个，位于坡地或陡崖之上，依山层层修建，最多达 10 层。自古以来，盐井人民靠自己的聪明才智，在恶劣的自然和社会环境下，挖盐井、造盐田、晒盐卤、收盐粒，将人工晒盐的工艺、技术发挥到了极致，同时也成就了今天我们看到的宏伟、壮观的盐田景观。

目前，盐井千年古盐田不收取景区门票，全天开放。在国道一侧的是上盐井村和纳西村的盐田，也能看见"西藏盐井景区"比较有特色的牌坊标志。但要欣赏到壮观的盐田和澜沧江，还是要下国道，过桥，到位于江西岸的加达村，这里可以近距离地观赏盐井和盐田下悬挂的盐钟乳，也可以站在高处俯瞰两岸盐田和奔腾的江水。如果运气好，有蓝天白云的映衬，那绝对能拍出令人震撼的大片。

（三）中国茶马古道西藏盐井历史文化展览馆

展览馆位于盐田景区，占地面积 1500 平方米，共有两大展厅，分别为"古道沧桑，千年盐田"和"雪域明珠，高原胜景"。两大展厅共包括 24 个单元，将茶马古道、千年盐田、民族文化、旅游精品线路向参观者详细介绍，其中展出图片 400 余张，相关文物、资料、实物 150 余件，多媒体、动漫、电子触摸屏、影视等高科技展示手段 6 处。参观时间为 40 分钟左右，最好在去参观盐田之前先来这里了解当地的历史文化，有助于更好地发现盐井之美。

（四）纳西民俗村

芒康县纳西村位于滇藏线 214 国道旁，紧临澜沧江，因"盐"而兴，

旅游『金三角』首选稻芒香

是千年茶马古道的重要驿站。据史料记载：该地历史悠久，距今有 1300 多年的历史。相传，格萨尔王和纳西木天王因争夺盐井发生了"羌岭之战"，最终格萨尔王战胜了纳西木天王，占领了盐井，并活捉了纳西木天王的儿子友拉。吐蕃王朝后期，友拉成了纳西大臣，盐井也交由其管理。现居住的纳西族均为其后裔。

此地海拔 2650 米，地理位置独特，气候温和。现在的纳西村主要以纳西民族为主，还有藏族、白族、汉族等，是纳西乡政府所在地。

来此，千万别错过了有几百年历史的当地特色美食——盐井加加面。加加面从字面上来理解，不是一次吃一碗，而是每一碗只有五六根，用筷子一挑，便盛给客人，等吃完以后再往里面添加。每吃完一碗，就在桌上放一颗石头计数，最终以石头数量来确定碗数，看是否创造了新的碗数纪录。

（五）天主教堂

西藏境内唯一的天主教堂，矗立在 214 国道旁，位于盐田景区大牌坊往北 3.5 千米处，是 1865 年由法国传教士邓得亮神父创建（教堂外标示牌记载，应与史实有出入）。

（六）扎谷西峡谷及文成公主庙石雕群

从盐井牌坊往天主教堂的路上，行进 2000 多米，国道的右首边会看到另一个牌坊，上写着"觉龙沟大峡谷景区"。从这里进去马上就可看见岗达寺新寺，再往里走可到达扎谷西峡谷、文成公主庙和觉龙桃花沟。

"扎谷西"藏语意为"打开山崖门"，峡谷悬崖落差 600 米，宽处仅100 米。峡谷又称"聚荣"，藏语意为"扭住的谷"。从前莲花生大师化身农夫追杀一个罗刹女，追赶到扎古西峡谷，途中莲花生大师手抓一块大石头，用秘诀把那个罗刹女扭住，如今还能目睹那块石头上的手印，故得名"聚荣"。

莲花生大师驯服罗刹女时伤了鼻子流了血，用鼻血在山崖上画了一尊朗巴郎增的佛像，平日我们看不到此佛像，只有在山崖上洒点水，山墙弄湿后，整个佛像才会清楚地显现在眼前。除此之外，整个山墙刻满了数不清的六字真言。文成公主庙就坐落在悬崖中间，庙里有一座大岩石，上面有藏王松赞干布和唐朝文成公主自然形成的神像。神像凹凸有致、栩栩如生。

（七）觉龙桃花沟

从岗达寺新寺沿着小路往山上走，开车约 15 分钟就来到了觉龙村。觉龙村平均海拔 3600 米，整个村子到处都是天然的桃树，每年三四月份，这里桃花盛开，犹如世外桃源。通往村子道路两旁随处可见堆砌的玛尼石堆、白塔，与坐落在山间的民宅相呼应，一年四季分明，在不同的季节会呈现出不同的色彩。

从觉龙村委会所在地再往上面走就只有越野车才能开上去了，但越往上景色越好。到达岗达寺遗址处可俯瞰整个桃花谷地，看到眼前的断壁残垣被绿色的山谷包围着，人会有些迷失，恍如来到了另一个世界。如果在村子里找一个当地人当向导，还可以去更高处的坝子上。这段路是茶马古道的一段，置身于美景中间，仿佛能听到马帮驼铃悠扬地回响在山谷间和草甸上。

觉龙桃花沟、扎谷西峡谷等地游玩大约需要 4 个小时，如要尽兴游玩可能时间更长，当然也可以考虑在觉龙村住上一晚，体验一下当地藏族同胞的热情。

（八）曲孜卡温泉小镇

曲孜卡藏语意为温泉圣地，北距芒康县城 100 千米，南距云南省德钦县 120 千米，海拔 2360 米。曲孜卡温泉小镇依托曲孜卡乡政府所在地而建，依山傍水，自然风光奇秀，民风淳朴，资源丰富，与 214 国道隔澜沧江相望，既交通便利，同时又不受到 214 国道繁忙的车流干扰。在高原之上，相对低矮的地势，也使得曲孜卡有了更多可供选择种植的作物，人们的劳作和休闲活动也因相对的低海拔而变得更加舒适。

曲孜卡温泉有温度、水量大小不同的 108 眼，水温最高达 80℃，不

旅游『金三角』首选稻芒香

同的水温具有不同的祛病疗效。曲孜卡温泉不仅能洗去身上的污垢和各种病痛，还可以消除心灵的烦恼，可泡在温泉中欣赏周围的田园风光和壮丽的达美拥雪山。要是在冬日，还可领略到沐浴温泉时的雪飘胜景，不无惬意之感。当外部气温下降至零度以下时，还可观赏到云雾缭绕的景象，仿佛置身于仙境，人与自然界合二为一，使人真正感受到大自然的伟大。

从盐井天主教堂沿214国道往北行进7千米，见路标往左后方转，沿新修的柏油路下行过江，即到曲孜卡。目前小镇建设已成规模，有品位的星级酒店林立，不仅可泡温泉、观澜沧，还可徒步20分钟上山参观拉贡寺，俯瞰小镇和澜沧江风貌。

（九）红拉山口和芒康滇金丝猴自然保护区

这里是国家级自然保护区，区内森林覆盖面积达70%～80%，以保护濒临灭绝的灵长类动物滇金丝猴为主。保护区南距芒康县城60千米，从曲孜卡江对岸的214国道向北约50千米到达海拔4448米的红拉山口，可将保护区的一部分收于眼底。滇金丝猴是如同大熊猫一样的珍贵的灵长目类动物，该保护区域内除滇金丝猴以外，还有很多珍稀的国家一、二级保护动物和名贵的药材。由于比较完好的保护工作，保护区内栖息着的滇金丝猴从1992年的50只，发展到现在的1000多只。春秋之际，走入红拉山自然保护区的原始森林中常能看到滇金丝猴觅食的喜人景象。

从海拔2300米到4448米，不同海拔分布着不同植被，是植物的王国，也是研究动植物的基因库。夏季是游览红拉山的最佳时节，漫山开满杜鹃花，林中百鸟啭鸣，茫茫无际的原始森林中可以看到滇金丝猴自由自在地追逐嬉戏、采摘果实，令人目迷神驰。

（十）澜沧江W形大峡谷观景台

在到红拉山口之前还可以在澜沧江W形大峡谷观景台驻足，欣赏澜沧江和高山深谷的壮丽景色。如果运气好的话，还可以看见远方的达美拥雪山，她可是芒康境内的第一高峰哦！

澜沧江流域山高谷深，河谷横断面也呈"V"字形，而河水蜿蜒流淌，从高处往下看，呈现"W"形。河谷切割很深，一般高差都在 2000～4000 米，峡谷里由于河道弯曲狭窄，礁石密布，犬牙交错，水流湍急，多急滩，水势汹涌，泡漩不断，声闻数里。有"峡谷一线天，把人隔两岸，对岸能对话，相逢需一天"的说法。

（十一）达美拥雪山

达美拥雪山造福众生，位于澜沧江畔，是他念他翁山脉的主峰，芒康县境内最高的山峰，海拔 6434 米，是藏东著名雪山之一。传说她是云南德钦县梅里雪山的第三个女儿。逢好天气，在澜沧江 W 形大峡谷观景台可看到达美拥的容貌。

传说达美拥到这一带来体验生活时，看到这里的百姓生活相当贫困，处处都是满目沧桑、民不聊生的景象，于是点洞取水，点出股股温泉水，用这些水洗澡能治百姓的疾病。从此以后，这里的疾病少了，群众生活也好起来了，身体也更健壮了。达美拥神山背后有一个湖泊，叫措那旺姆湖。传说这个湖泊里有一条很大的黑蟒蛇，它是吃人的魔鬼。曾经有个降鬼的高僧要追杀这条大毒蛇，从羊卓雍措追赶到这里，达美拥女神把它藏在了这个湖泊里，救了蟒蛇的性命，从此这个蟒蛇就不再吃人了，这一带也太平了。

（十二）莽错湖

过红拉山北行 12 千米有一条向东的岔路，沿着这条路向里行驶 52 千米就到了莽错湖，一路景色绝美。莽错湖还是一片未开发的净土，也许是由于相对国道距离较远的缘故。

莽错美的不只是湖，还有四面起伏的高山草甸和秀美的环山。湖面 20 多平方千米，海拔 4313 米，四周是重叠的雪峰，湖边四周的草地每年 4～10 月开满野花，十里飘香。湖面上有"堆却""堆穷"两岛，傍晚或清晨，微波泛起，湖光如镜。到了望果节，当地百姓穿戴华丽的服饰，在草地上载歌载舞，遍地都洋溢着欢乐的气氛。游人置身于藏族同胞当中，与他们一同欢笑，一起歌舞，从他们的纯真笑脸中你也会受到快乐的感染。

关于莽措湖的形成有一个神奇的传说。从前，这里住着一位心地善良的莽女，在一个干旱的季节，她放牧时看到一头白色犏牛翻开一块扁平的石头饮水的情景；为了使广大牧民和牲畜都能饮到水，她就打开了这块石头，石头下面立即冒出了水，水越冒越多，充满了整个草场。她只好赶着牲畜往山上跑，水跟着她往上涨，她跑累了，只好把衣服一件件脱下来继续跑，最后只留下了围裙，当她脱下围裙一扔，水立即就停止了往上涨。现在的莽措湖的形状就像藏式围裙的形状。从此当地的老百姓也把莽措洞当作自己的"神湖"从而加以敬奉。

现在，每逢节日，周边牧民们就自发或有组织地盛装来到莽错湖边的草原上，跳起他们传统的弦子舞以抒发愉悦之情。弦子舞现已被列入国家级非物质文化遗产。

九、县城之北

尼果寺是宁玛派的重要寺庙，同时还是人与自然和谐相处的理想之地，距县城东北 70 千米，海拔 4250 米。"尼果"藏语就是"神山之冠"的意思。该寺有莲花生大师的佛像和他的灵塔。17 世纪中叶，该寺由喇嘛吉尊曲扎加措创建，至今已有 300 多年的历史。尼果寺的玛尼堆规模很大（方圆两三平方千米），内容丰富，历史悠久，雕刻艺术高超，具有一定的历史、考古研究价值。

由于尼果寺是藏传佛教著名宁玛派高僧修炼之地，宗教遗迹遗存较多，有很多自然形成的高僧佛像、大师宝座、经文，还有白度姆、莲花生大师佛像、脚印、过去佛的神马等。

除此之外，这里还栖息着几千只岩羊、雪鸡、雉鹑、藏马鸡等国家一、二级野生保护动物，它们与当地僧尼和睦相处。僧尼每天都用盐巴（盐井古盐田的盐）、青稞等食物喂养它们，是一处人与动物和谐相处的人间仙境。

尼果寺景区可以说是一方精神的乐土，既是纯真和质朴的领地，又是佛法修炼的吉祥之地。

十、县城之西

（一）拉乌山自驾营地，洒咧营地

位于芒康县之西，318 国道旁的如美镇卡均村，距芒康县城 30 千米，是 318 国道川藏线和 214 国道滇藏线进藏第一个自驾露营地，占地面积 20 余亩，建筑面积 5000 余平方米。营地包括洒咧文化民俗活动中心自驾休闲娱乐城，自驾救援中心，高原植物科普考察中心，高原土特产旅游购物中心，是集旅游综合接待集散地于一体的国际自驾露营地。

（二）如美游客集散中心

位于芒康县如美镇竹卡村澜沧江畔，318 国道旁，距县城约 43 千米，海拔约 2600 米，含氧量足、四季常青，自古便是茶马古道上的最为重要的客栈驿站所在地。这里有号称澜沧江最美峡谷的竹卡大峡谷，虽然规模不是很大，但气势宏伟、颇具特色，还有古碉堡、古索桥遗址、烈士陵园等红色革命遗迹，大批保护完好的百年藏寨也是这里的一大亮点。目前已有如美游客集散中心、卓卓康巴青创公寓、松赞酒店等旅游配套设施，日接待能力突破千人。

（三）东达山垭口

在很多旅行攻略和旅游地图中，东达山垭口（海拔 5008 米）以五米之差低于米拉山垭口（海拔 5013 米）屈居川藏线第二高度。从芒康县城出发，沿 318 国道西行 120 千米，来到芒康县和左贡县的交界处，这里可以看到一个巨大的金字塔型建筑，供过往游人拍照留念，上面赫然写着 5130 米！当然，很多人已经把这里认定是川藏线的最高点了。

旅游『金三角』首选稻芒香

十一、县城之东

（一）圣泉酒店

圣天温泉酒店是318国道西藏第一家酒店，位于四川和西藏交界处变幻莫测的海通沟口，过巴塘县城40千米，离芒康县城60千米，海拔2600米，氧气充足无高反，也是藏东知名的温泉酒店。酒店可同时接待百余人就餐，主营牦牛肉火锅、地道重庆火锅、川菜，室外BBQ、芒康加加面、藏餐等特色菜系；共有近50个特色客房，采用全实木家具，绿色健康同时具有小资情调；花园式的建筑融入世界第三极的天然温泉，独立拥有3个温泉泉眼，室内外各有大泡池，经过多年的精雕细琢，致力于打造成进藏第一站的集食、宿、会议、休闲度假于一体的花园式温泉酒店。其清幽美轮的自然景观融入了川藏地域文化，让游客尊享个性非凡的私人空间。

（二）金沙江大桥

金沙江大桥东侧是四川甘孜，西侧是西藏芒康，是318国道川藏线进藏的重要地理标志地。桥长282米，宽7米。无论是骑行者，还是乘车进藏旅游者，到此大多愿意下车步行过桥，以寻找一种入藏的仪式感。跨过滚滚金沙江，大喊一声："西藏，我来了！"

十二、稻城：终将邂逅的人间天堂

20年前，刚上大学的我从图书馆阅览室的一本旅游杂志上知道有这么一个地方，那里美如仙境，难以到达，被称为神的自留地，人类的隔世花园。

从此，稻城便成了我理想中一定要到达，而现实中一次又一次错过的地方。错过的理由通常有两个，季节不对，或者时间太短。

没想到的是，在20年后的一天，并没有为这场盛宴做好充足准备的我，便被伙伴们裹挟着，踏上了稻城之路。同样是在不对的季节，也同样没有太过充裕的时间。

但这一切，已然不重要，重要的是接近它，触摸它，感受它对身体的挑战和对灵魂的冲击。而这，无关乎季节和时间，只关乎精神和思绪。

十三、稻城外部交通

稻城，藏语意为山谷沟口宽阔之地，属四川省甘孜藏族自治州的下辖县，位于青藏高原东南部，横断山脉东侧，县城海拔 3750 米。稻城县东与九龙县相接，西与乡城县相邻，北接理塘县，南与木里藏族自治县接壤，西南与云南迪庆藏族自治州相邻。前往稻城的路一般有南北两线，北面从

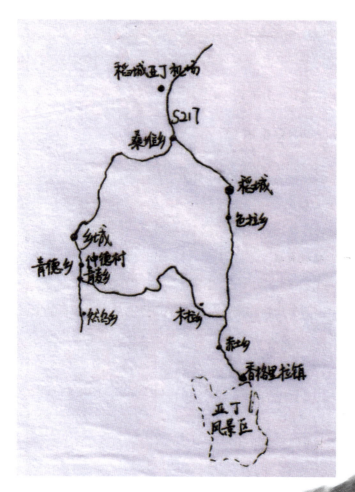

旅游『金三角』首选稻芒香

318国道上的理塘县往南行驶150千米，约2.5小时到达稻城县城；从成都过来总行程约700千米，要分两天走。南面从214国道上的香格里拉市经大小雪山，过乡城，到稻城，全程330千米，行驶时间约10小时；也可从214国道奔子栏往得荣，再经乡城至稻城。

稻城有机场，名为亚丁机场。但机场不在稻城通往南面亚丁景区的方向，而在县城北面50千米处。稻城亚丁机场海拔4411米，是世界上海拔最高的民用机场，目前已经开通成都、重庆、杭州、昆明、西安、康定等起飞航线和北上广等一线城市中转航线。

尽管如今，稻城的可进入性大大提升，但较高的海拔和相对较长的旅行耗时还是挡住了大部分旅行者的脚步。这里虽在一年中的某些日子里，已然喧嚣如东部很多著名景区，但在大多数时间里，依旧优雅地保持着那份独有的宁静和神秘的姿态。正如同《消失的地平线》中所描述的香格里拉那样，一切适度，只有美得不同寻常。

十四、县城及周边

稻城县大街小巷都布满了酒店及客栈，县城内有亚丁天街、雪山广场、彩虹桥、水上喷泉，到了夏天晚上，广场上人山人海，好不热闹！县城周边还有青杨林、马场、温泉、流河、寺庙和田园风光。

（一）稻城白塔

沿贡嘎路向北出县城，就能看到一个白塔群。白塔共五层，最高层中央为一座高大的白塔，周围排列四层小白塔，从上到下每层依次有15座、23座、31座、39座塔，共108座小白塔，十分壮观。

稻城白塔的底座是纯四方形的布置，白塔分为3部分，塔尖、塔身、塔基座，基座安放着一排排的转经轮，以供藏民虔诚膜拜。塔身分为3部分，顶部供奉着一尊菩萨。因为塔全身洁白，故取名白塔，实际上白塔的佛名为"尊胜塔林"。

（二）桑堆红草滩

桑堆乡位于稻城县北部，距离县城 28 千米。桑堆红草滩非常有名，但它的季节性很强，9 月底到 10 月初，最美的景观只持续 10～15 天。拍摄红草滩最好是有阳光的时候，色泽会更艳丽而且比较有层次感。

十五、亚丁风景区

实际上，来稻城的旅游者其真正的目的地并不是县城，而是位于县城之南 80 千米的亚丁风景区。亚丁，藏语意为"向阳之地"。美丽的海子，圣洁的雪山，古老的寺庙，尽在亚丁风景区之中。

亚丁风景区的旅游集散地和游客大本营是距离景区几千米之遥的香格里拉镇。这里需要多说两句这个旅游小镇。

（一）香格里拉镇

最早的名字是日瓦乡，现在还能在很多老地图上看到这个名字。2002 年，应旅游发展的大趋势，借香格里拉举世闻名的影响力，日瓦乡改名为香格里拉乡（早在不到一年之前的 2001 年，香格里拉县的名号已经被原先的中甸县"抢注"）。2009 年，香格里拉乡撤乡建镇，成为我们今天所知的香格里拉镇。

来到香格里拉镇，你会发现，这里规划建设得非常好，干净的街道，整齐的藏房，林立的宾馆、餐厅、咖啡馆和蛋糕房，还有不计其数的超市与纪念品商店，营造出一派欣欣向荣的旅游氛围。无论是食品、药品、生活用品，还是登山常备的户外装备和运动器材，应有尽有，雨披、鞋套、氧气瓶这些高原雨季特需品也随处可见。

香格里拉镇还有一个特别之处，它位于山谷之中，2900 米的海拔会让初上高原的人相对比较舒服，也能为接下来富有挑战性的行程养足精神和体力。

旅游『金三角』首选稻芒香

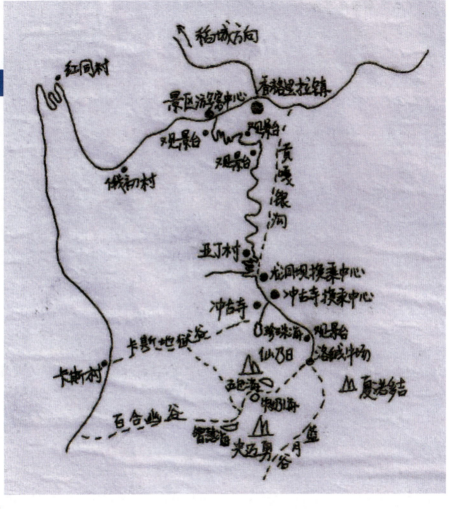

旅游「金三角」

首选稻芒香

　　从香格里拉镇开车 10 多分钟就来到了亚丁风景区的游客中心。对第一次来稻城的旅游者来说可能会稍显失望，因为这里繁荣热闹的场面简直与想象中的世外仙境相去甚远。不过不用担心，进入景区或许会是另一番天地。

　　从游客中心全称为稻城亚丁风景区仁村游客中心，自驾车旅游者可将车辆停放在游客中心的停车场，然后经台阶上行至游客中心大厅。这里提供售票、取票、咨询、寄存、解说等服务，是 5A 级景区标准的游客中心。

（二）景区内部交通

从游客中心出来，步行 200 多米上扶梯，来到环保车站，也称为景区交通换乘中心。从这里开始，交通方式将切换为景区内部交通。

在售票处买的 120 元环保车票是从游客中心到扎灌崩这一段往返不限次的。从游客中心出来，行驶 34 千米途经亚丁村（海拔 4000 米），往前 3 千米到达龙同坝（海拔 3700 米），再行 3.4 千米到扎灌崩服务中心（海拔 3800 米），全程大概需要 1 个小时。从扎灌崩到冲古寺 500 米的上坡路只能步行前往。

冲古寺暂时别狭义地理解为寺庙，这里也是一个服务中心，进山方向右首一条路，前面一条路。右边过小桥跨过俄初河就是冲古寺（海拔 3900 米），真正的寺庙，再往前沿栈道徒步 1.5 千米就能到达珍珠海（海拔 4080 米），游览约 2 小时。

冲古寺服务中心往前面走 100 米就是另一段环保车的起点，通往洛绒牛场（海拔 4180 米），全程 6.7 千米，需要在入口处重新购票，单程 50 元，往返 80 元（不在游客中心 120 元环保车服务范围内）。洛绒牛场是这段环保车的终点，此后再无车辆。从洛绒牛场到牛奶海和五色海的路约 5 千米，都是上坡路，前 3.2 千米相对平缓，后 1.8 千米坡度陡峭，全程走回来快则 5 个小时。

体力不好的人，可以在洛绒牛场的马帮服务站骑马至前方舍身崖下马点，但只有去时单程，300 元，回来时马儿要休息，轻松下山不驮人。从舍身崖下马点再往后的 1.8 千米路马是上不去了，所以要看到牛奶海（海拔 4600 米）和五色海（海拔 4700 米）只能靠自己的腿了。

临近两个海子时，有一个岔路，建议走右边这条，先去往较高的五色海，再顺行往下走至牛奶海，然后环线回此岔口下山。当然也可先从左边路去牛奶海，然后再上山至五色海。之所以推荐先高后低的走法，因为这样走，你在下坡时看着艰难上山的人们会有巨大的心理优势。

从两个海子返回洛绒牛场的 5 千米下山路需要全程徒步，当见到环保车的那一刻，很多人就像见着了救命稻草，总算有代步工具了！

通常人们用两天来游览亚丁风景区，第一天选择相对轻松的珍珠海一线，第二天选择难度更大的牛奶海和五色海一线。天气晴好时，前一线只能看到仙乃日，而后一线除仙乃日外，还可以看到另外两座神山——央迈勇和夏诺多吉。

（三）稻城三神山

稻城三神山，藏语为"念青贡嘎日松贡布"，意为"终年积雪不化的三座护法神山圣地"。三神山北峰仙乃日海拔 6032 米，南峰央迈勇海拔 5958 米，东峰夏诺多吉海拔 5958 米。

三座雪山佛名三怙主雪山，在世界佛教二十四圣地中排名第十一位。"属众生供奉朝神积德之圣地"。公元 8 世纪，莲花生大师为三座雪峰开光，并以佛教中三怙主：观音（仙乃日）、文殊（央迈勇）和金刚手（夏诺多吉）命名加持，因此称为三怙主雪山。

三座神山方圆千余平方千米，主体部分是三座完全隔开，但相距不远，呈"品"字形排列的雪山。

（四）仙乃日

仙乃日意为观音菩萨，如一尊慈善安详的观音，端坐于莲花台上。在她前面的那座山是金刚亥母，她左边金字塔般的山峰是白度母，右边飘曳着无数经幡的是绿度母，绿度母旁边林立的冰蚀角峰是众多降香母和妙音仙女。她们弹奏着天籁之音，传到了仙乃日背后的地狱谷中，让地狱中的罪人听到仙律，减轻痛苦，循循善诱，能幡然悔悟，早日脱离苦海。位于仙乃日山脚的珍珠海据传说就是仙子的梳妆镜。

（五）央迈勇

央迈勇藏语为文殊菩萨。在藏民心中，央迈勇是大智慧的象征，能开发智慧，提高悟性，尤其能帮助小孩学业有成、官人福禄双增、商人增财增福。文殊菩萨是如来佛祖怙恃之一，身紫金色，形如童子，五髻冠其项，右手持金刚宝剑表示智能之利，能斩群魔、断一切烦恼，左手持青莲花，

旅游『金三角』首选稻荪香

花上有金刚般若经卷宝，象征所具无上智慧，坐骑为狮子，表示智能威猛。而亚丁的央迈勇神山恰好酷似文殊菩萨手中的智慧之剑，直指苍穹，冰清玉洁，傲立于苍穹之下。

（六）夏诺多吉

夏诺多吉藏语意为"金刚手菩萨"。不知何年，一条巨蟒闯入了贡嘎山脉，四处吞噬牲畜和山民，当地百姓怨声载道，巨蟒此举终于惹怒了金刚手菩萨。他经过长时间搜寻，发现了巨蟒的行踪，大喝三声，伸手擒住了巨蟒的头，巨蟒扭身顺势缠住菩萨的颈项，经过数个回合的较量，最终金刚手菩萨成功制伏巨蟒，把它点化成了岩石。迄今，人们在夏诺多吉雪山仍可看见一条盘曲挣扎的巨蟒。相传每年藏历 7 月 15 日，巨蟒嘴里就会喷出一股白色的圣水，朝圣者不远千里前来观看这一奇象，据说圣水能够医治疾病。

十六、亚丁三湖

（一）珍珠海

珍珠海藏语为"卓玛拉措"，海拔 4100 米，是亚丁海拔最低的圣湖，面积 0.75 公顷。很久以前，仙乃日脚下原是一个大湖泊，后来决堤导致湖泊变小，只剩下了现在的卓玛拉措。传说珍珠海是白度母的魂湖，雨季时分仙乃日融化的雪水撞在山石上，经过阳光照耀如坠入玉盘的粒粒珍珠，因此而得名。

从冲古寺服务中心过小桥，经冲古寺上山，沿栈道徒步 1.5 千米就能来到珍珠海。运气好的话，能看到神山仙乃日倒映湖中的壮丽景象。往返珍珠海全程用时 2 个多小时。

（二）牛奶海

牛奶海藏语为俄绒措，位于央迈勇的山坳里，海拔约 4500 米，面积约 0.5 公顷。牛奶海属于古老的冰川湖，形状如泪滴，站在高处向下看，像一块纯净的蓝松石嵌在雪山群峰中，神圣而美丽。传闻每年春暖花开之时，牛奶海的水会变得像牛奶般洁白如琼，因此得名。又有传说称牛奶海是能治愈顽疾怪病的圣湖，因此被排在亚丁三湖之首。

从洛绒牛场徒步上山5千米，一路美丽相伴。前3.2千米可骑马，但从舍身崖下马点之后的1.8千米陡坡，就只能靠顽强的意志去攀登了。

（三）五色海

五色海藏语为丹增措，位于仙乃日与央迈勇之间，海拔4600米，湖面呈圆形，面积0.7公顷，是亚丁最高的湖。由于光的折射，五色海的水面会产生五种不同的颜色，因此而得名。它是与西藏羊巴雍措齐名的神湖，据说能"返演历史，预测未来"。虔诚的人在湖前祈祷时，能看到自己的前世与来生；而高僧在寻找转世灵童之时，会根据五色海的颜色变幻来判定灵童的方位。

距离牛奶海直线距离300米，有栈道相连，海拔比牛奶海还要高100米。在冲顶的最后一段路可选右边更陡的路上山，一气呵成，先到五色海，再轻松下到能俯瞰见的牛奶海。

（四）冲古寺

冲古藏语意为填湖建寺。冲古寺隶属贡嘎郎吉岭寺，建寺年代无从考察。传说，高僧却杰贡觉加错为终身供奉神山，弘扬佛法，在此修建寺庙，因动土挖石而触怒神灵，穴祸降临四周百姓，麻风病流行。却杰贡觉加错终日念经育佛，施展法力，乞求神灵降灾于自己，免除百姓之灾。他的慈悲举动感动了神灵，百姓平安，他则身患疯病圆寂。现在，却杰贡觉加错的灵骨还葬在他自己建造的寺院内，寺院僧人每日薰香念经，纪念他的大功大德。

冲古寺犹如天堂之门，是近距离接触神山、欣赏圣湖的必经之路。进山者远远地就能望见金色寺顶，更增加了人们的朝圣之感。寺庙是开放式的，可从冲古寺服务中心过桥，沿路而上，穿寺而过，去往珍珠海。

（五）冲古草甸

冲古寺脚下的大片湿地被人们称为冲古草甸，珍珠海一线和牛奶海一线在这里分岔，俄初河从草甸中间穿流而过。如茵的绿草，开阔的河谷，把古老的寺庙和远处的雪山衬托得格外美丽。冲古草甸与俄初河河边有栈道可供游人徜徉。

（六）洛绒牛场

从景观角度看，这里比冲古草甸要更加开阔，而且水草肥美，步道蜿蜒，置身其中，好像来到了仙境一般。从功能上说，洛绒牛场是第二段环保车（冲古寺到洛绒牛场段）的终点，也是正式向着牛奶海、五色海、央迈勇、夏诺多吉方向前进的徒步起点。当然，这里也有景区的马帮服务点，可供体力不好或想骑马体验的游客选择骑马上行3.2千米。不过，要注意的是下马点在半山腰，要看到两个海子和两座神山，接下来的1.8千米可是要费体力的哦！

（七）亚丁村

亚丁村位于亚丁风景区内，距离景区入口约34千米，游客只能坐景区环保车到达。亚丁村约30户人家，大多人家已经开起了乡村民宿客栈。

景区环保车经过亚丁村会停靠4个站点，现在网络上能够预订到亚丁村的23家酒店和客栈。比如，要住在洛克文化主题酒店就在1号站下车，要住在扎西卓姆酒店或知白艺术酒店就在2号站下车，要住在摩梵文化主题酒店或杰东后书民居酒店就在3号站下车，预订大自然营地客栈就在4号站下车。

住在亚丁村能够欣赏到亚丁早晨和黄昏的美丽景色，在亚丁村观景台和一些酒店的观景台上还能看到远处的雪山和脚下的深谷。除此之外，最大优势是省去了很多路上的周折，节省了时间和体力。因为，亚丁风景区一般分两天游玩。如果住在亚丁村可以不用返回香格里拉镇住宿，那样行车时间加上出景区回镇上时间单程能省1.5小时。第二天可以直接从亚丁村四个站点等车往冲古寺方向，又能省去 1.5 小时。当然，同样档次的酒店或客栈可能要多付出些银子哦。

十七、香格里拉：地平线之上的佛光圣境

用名字把人吸引来，用魅力把人留下来，香格里拉做到了这一点。香格里拉，藏语意为"心中的日月"，代表着和平、安详、美满，是人类精神的家园。

原来世人听说香格里拉是在那本叫作《消失的地平线》的书上，而今人们认识的香格里拉是在中国云南西北部三江并流的腹地。香格里拉现在是迪庆藏族自然州的首府，从中甸县、香格里拉县更名为香格里拉市，这一更名是 2001 年经国务院批准的，2002 年 5 月还举行了令世人瞩目的更名庆典。

香格里拉市历史文化悠久，自然风光绚丽，拥有普达措国家公园、独克宗古城、噶丹松赞林寺、虎跳峡、白水台、纳帕海、巴拉格宗大峡谷等一批知名景区。

皑皑雪山、无垠的草原、五彩的鲜花、神秘的寺庙，构成了这里最美的风景。来到香格里拉，你能感受到藏传佛教文化的浓郁氛围和大自然的奇幻绝伦。

香格里拉如同在东方地平线上升起的一道金色佛光，如日月般把世人的心照亮。

十八、香格里拉外部交通

香格里拉位于滇西北黄金旅游线路上，214 国道穿行而过，往南 180 千米至丽江，西北 180 千米往梅里雪山与西藏相连，正北经大小雪山与四川乡城相通，是稻芒香"金三角"旅游环线的重要节点和进出门户。

香格里拉迪庆机场与市区很近，只有不到 6 千米，目前开通的直飞目

的地有昆明、西双版纳、成都、拉萨、重庆、北京、广州、上海虹桥等。其他城市的游客可以选择先飞往昆明再转机前往香格里拉。香格里拉每天到昆明的航班较多，约一个小时可以到达。

从丽江通向香格里拉的铁路和高速公路正在加紧规划建设，相信未来进出香格里拉会更加方便，交通选择也更加多样。目前，公路是进入香格里拉的主要交通方式，昆明、大理、丽江都有直达香格里拉的班车，从昆明坐车过来要 10～12 小时，通常游客会在大理或丽江停留。香格里拉长途汽车站还有发往省内其他城市的班车，也有往四川攀枝花和稻城的直达车。

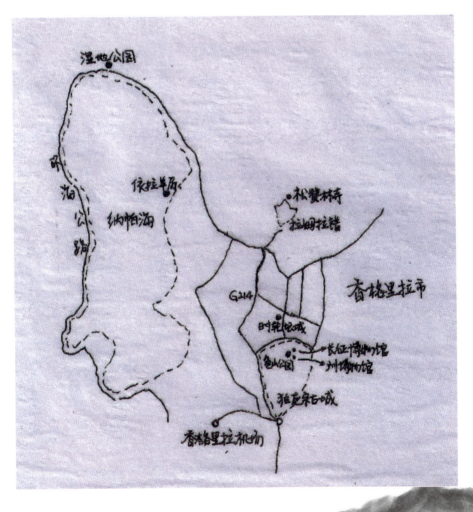

十九、城市及周边

（一）独克宗古城

独克宗是一座具有 1300 多年历史的古城，是中国保存得最好、最大的藏族居群，也是历史上茶马古道的重要枢纽。独克宗在藏语中有两层意思，一是"建在石头上的城堡"，二是"月光城"。

古城依山而建，石板铺路，显得深沉而古朴。古城建筑布局犹如八瓣莲花，中心是月光广场，古朴的藏式木屋一幢接一幢环绕在四周。月光广场一面是停车场，从此处车辆将禁止驶入古城。另外三面分别为西面的龟山公园，南面的迪庆藏族自治州博物馆，北面的迪庆州红军长征博物馆。

古城内大部分民居，尤其是沿街的房子都已被改建成客栈、餐馆和商铺，游人川流不息，在旺季的夜晚更呈现出一派繁华景象。

古城呈开放式，不收门票。如果住在古城的客栈中，需要把行李从停车场运至客栈，当然有很多客栈会提供行李运送服务，就是用一辆电动三轮车帮助住宿客人搬运行李。

（二）龟山公园

龟山公园建于康熙年间，此园依山而建，山不高，百十级台阶，几分钟登顶。山顶是朝阳楼，高三层。登上山顶，独克宗古城全貌尽收眼底。朝阳楼北侧平台上是世界最大的转经筒，整个转经筒大约有 5 层楼高，纯铜镀金，筒壁上用浮雕刻着文殊、普贤、观音、地藏四大菩萨，下端刻着佛家八宝图，筒内还藏有经咒、无字真言等共 124 万条和多种佛宝达 16 吨。要想转动如此巨大之经筒需众人同时着力，每顺转一周，相当于默念佛号 124 万声，转满三周，就可以消灾祈福，吉祥如意。因此，游客们都愿意来此触摸福音。在古城中散步，从很多地方和不同角度都能看到正在旋转的巨大经筒，几乎整日不停。

（三）迪庆藏族自治州博物馆

博物馆向游人免费开放，分"自然的香格里拉""历史的香格里拉""文化的香格里拉""今日的香格里拉"四个陈列展厅，全面展示了香格里拉的自然、历史和文化，有助于人们更好地了解香格里拉。

（四）迪庆红军长征博物馆

博物馆是为纪念 1936 年红军长征时抢渡金沙江后进入迪庆州所建的专题博物馆。博物馆建筑面积 2400 平方米，分为序厅、雪山草地的铭记、爬雪山过草地互动景观、红旗卷起农奴戟、今日长征路、迪庆高原新面貌等展厅。

进博物馆正门后，从左首边进入环廊开始免费参观。如果进门直行，则是中心镇公堂，是当地人的祭拜之所。

（五）香巴拉时轮坛城文化博览中心

博览中心位于市中心黄金地段，面前是坛城广场，夏季夜晚很多市民在此唱歌跳舞，热闹非凡。

博览中心大楼高 60 米，共 11 层，顶层设计为塔式金顶，具有鲜明的藏族传统建筑特点。一层右侧为票务中心；三楼以上中空大殿供奉时轮金刚大佛，博览中心还有学修中心、藏经阁、宝箱阁，整栋楼宇内充满了藏文化气氛。

开放时间为 8：00 ～ 18：00。成人门票原价 180 元，可通过各大旅行网络平台购买，最高能打五折。

（六）松赞林寺

全称噶丹松赞林寺，又名归化寺，始建于公元 1679 年，由五世达赖亲自赐名。寺庙距香格里拉县城 5 千米，全寺仿拉萨布达拉宫布局，依山势层叠而上，气派非凡，素有"小布达拉宫"之称。松赞林寺是云南地区最大的藏传佛教寺庙，也是川滇一带的格鲁派中心，在黄教中享有较高的地位。

开放时间 8：00 ～ 17：00。门票 100 元加环保车票 20 元，共 120 元。

旅游『金三角』首选稻芒香

从售票处买票后到寺庙门口还有约 1.8 千米的路程，可乘坐观光车抵达，车费已包含在门票中。1.2 米以下的儿童免票，军残（凭军残证和身份证）免费。70 周岁以上、现役军人、24 岁以下学生凭有效证件可享景区门票半价优惠，环保车不优惠。

（七）拉姆央措

松赞林寺坐北朝南，寺前是拉姆央措湖，藏语意为"圣母灵魂湖"。游客可以沿环湖栈道散步，亲近湖水，远观寺庙，一步一景。在傍晚和黄昏，游客较少时，看着恢宏寺庙的水中倒影，美轮美奂。环湖一周大概需要半个小时。

（八）纳帕海

纳帕海位于香格里拉西北方向 7 千米处，总面积 80 平方千米，由依拉草原、纳帕海国际湿地公园和堪巴龙圣山神湖秘境三个景区组成。依拉草原和纳帕海国际湿地公园是省级自然保护区和国际重要湿地，是世界濒危珍稀动物黑颈鹤越冬栖息地，也是云南最大的亚高山沼泽草甸和春季牧场。

纳帕海藏语意为森林背后的湖泊，与依拉草原连成一体，是一个季节性湖泊，香格里拉周边数十条河流汇入其中。

自驾车或在县城包车前往纳帕海景区游玩，通常地图导航会指向依拉草原，这里可以骑马，也可以在草原上尽情奔跑。门票每人 40 元。也可以选择骑马游玩，则不再买门票，不过价格较贵。

A 线：入口—茶马古道依拉草原天然牧场—纳帕海国际重要湿地边—返回入口 190 元／匹。

B 线：入口—茶马古道依拉草原天然牧场—纳帕海国际重要湿地边—神山圣泉—返回入口 380 元／匹。

C 线：入口—茶马古道依拉草原天然牧场—纳帕海国际重要湿地边—神山圣泉—绕依拉神山—五色花海—返回入口 580 元／匹。

游玩纳帕海另一个主要方式就是环湖，全程约 40 千米，可自驾也可

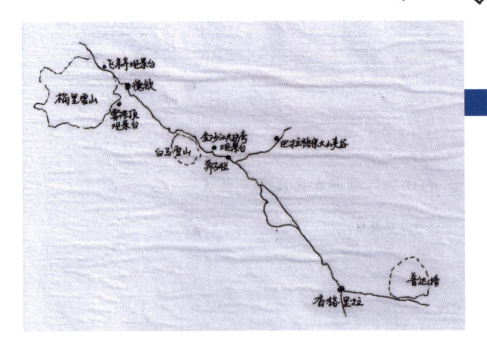

骑行，骑行一圈大概需要三四小时，环湖线路没有门票，且全程柏油路面，路况不错，沿路有草原、湖泊、雪山，风景很美。

二十、普达措国家公园

普达措为梵文音译，意为"舟湖"，是"碧塔海"的藏语原名。普达措国家公园是 2007 年挂牌的我国首个国家公园，位于香格里拉东约 22 千米处，半小时车程。国家公园由碧塔海、属都湖和弥里塘亚高山牧场生态旅游区组成，是一个一年四季都值得观赏的地方，赶上好的天气，会美得一塌糊涂。

开放时间：8：00 至 17：00（4 月至 10 月），8：30 ～ 16：00（11 月至次年 3 月）。

门票 130 元，1.2 米以下儿童、70 周岁以上老人、伤残军人凭有效证件免票，60 ～ 70 周岁老人、现役军人、24 岁以下在校学生可购买半价优惠票。

旅游『金三角』首选稻芒香

在旅游网络预订平台上可连同门票一起购买香格里拉县城至普达措国家公园往返接送车车票，170 元 / 位。

需要注意的是，从 2017 年 8 月 17 日起，出于生态保护原因，碧塔海海尾至莲花圣泉段全线封闭，游览路线调整为属都湖、碧塔远景观景台、碧塔海海头、莲花圣泉观景台。

二十一、巴拉格宗风景名胜区

（一）巴拉村

"巴拉"藏语意指从巴塘迁徙而来的藏族村。相传，很久以前，格萨尔王手下一位大将厌倦了长年不断的战争生活。一日，梦见三位神女把他带到一个神山林立的仙境般的峡谷，那里没有战争，没有烦恼。于是，大将带领家人和手下走了九九八十一天，为寻找梦中乐土跑遍了康巴地区的山山水水。后来，他们在此定居了下来。由于大将一家是巴塘人，所以把这里起名为巴拉村，村后面的雪山便被人们称为巴拉格宗雪山。

巴拉格宗是世代藏民心中的天堂，永恒的传承。藏式的木楼依山傍水层叠而起，村头的五彩经幡随风在雪域飘摇。农田与草地交替着四季更迭的色彩，春意盎然，夏季繁盛，秋天丰美，冬日绝尘，一切都是自然的生机。1300 多年来，巴拉村人过着男耕女织的生活，日出而作、日落而息、自给自足。巴拉村人备受神山的庇佑，也对神山无限虔诚。

（二）格宗雪山

格宗雪山素有"香格里拉之巅"的美誉，极具视觉和心灵震撼力，是康巴地区的三大神山之一。格宗雪山又称"格宗奔松"，意为格宗三姐妹。她们是绒赞卡瓦格博山神的女儿，要嫁到东北方贡嘎神山家作"贡嘎奔松"（贡嘎三王子）的妻子。藏历羊年，当三位美丽的公主在侍从的陪伴下来到巴拉，天已大亮，怕羞的三位公主从此就留在了巴拉，成为格宗雪山上的三座主峰及周边的神山。

（三）巴拉格宗大峡谷

巴拉格宗大峡谷是大自然的惊世巨作，从海拔 5545 米的主峰到海拔 2000 米的河谷，岭谷落差高达 3545 米，"峡中有峡，峡上有峡，纵横交错，峡峡相连"是其最大特色。巴拉格宗大峡谷，是前往巴拉格宗一定要朝圣的秘境。在主峡香格里拉大峡谷的两边，还形成许多侧谷，比如达拉绒峡谷、巴拉峡谷、南喀卓绒峡谷等。

（四）交通与到达

自驾车从香格里拉市区出发，沿 214 国道向德钦方向行驶 60 千米，驶离 214 国道往巴拉格宗景区，约前行 20 千米到达。也可以在香格里拉古城或市区参加巴拉格宗一日游旅行团，在独克宗古城停车场的巴拉格宗旅游咨询服务中心每天早上 9：00 发车到景区。

（五）开放时间与门票

入园时间：8：00 ～ 19：00。门票：210 元（包括门票和环保车），网上预订会有优惠。1.1 米以下儿童免票，60 岁以上老人、军官和教师持相关证件可购优惠票，也可到景区售票处购票。

二十二、"金三角"环线上的其他亮色

（一）德钦：圣洁梅里

梅里雪山是一处南北走向的庞大的雪山群，它位于西藏察隅县东部与云南迪庆藏族自治州德钦县西部的交界地带。梅里藏语意为药山，是苯教圣地，还与西藏的冈仁波齐、青海的阿尼玛卿山和尕朵觉沃并称为藏传佛教四大神山。

梅里雪山主峰卡瓦格博海拔 6740 米，是云南省最高峰，它有 13 座海拔 6000 米以上高峰在周边环绕。在晴朗的早晨或黄昏，可以在梅里雪山观景台上看到日照金山的景象，13 座雪峰一字排开，蔚为壮观。

梅里雪山属羊，逢藏历羊年，转经者增百十倍。比如 2003 年时值羊年，更是藏历年中 60 年一轮回的"水羊年"，据统计，梅里雪山朝圣者的人数

旅游『金三角』首选稻芒香

达到了 10 万余人。藏族地区流传着这样一种说法：在羊年转一圈梅里雪山等于在平时转 13 圈，水羊年的一圈则抵得上平时的 60 圈。很多人都转 2～3 圈，1 圈为自己，其他几圈为家人或朋友，也有人花钱请当地藏民代替不能来的亲人转山。

人类登上地球上海拔 8000 米高度的历史已经有五十多年了，在半个世纪中，尽管登山家们相继征服了世界上 14 座海拔 8000 米以上的山峰，但海拔 6740 米的卡瓦格博至今仍是人类未能征服的"处女峰"。1902 年至今，人类十多次攀登卡瓦格博峰，都以失败而告终。1991 年，中日联合学术登山队的 17 名队员在攀登卡瓦格博时全部遇难，此后梅里雪山禁止攀登。

梅里雪山下各个旅馆和寺庙中，常能见到藏族同胞呼吁禁止攀登雪山的倡议书，其行文简洁，话语犀利，其中却实有深意。

（二）梅里雪山的玩法和费用

游玩梅里雪山，简单地说有两种玩法，一是远眺观赏，二是徒步转山。

如果只是观山，只需购买 150 元的梅里雪山门票即可，包括金沙江大湾 30 元、雾浓顶 60 元和飞来寺 60 元，这三处都是观景台。金沙江大湾观景台是看金沙江大拐弯处的景观，飞来寺和雾浓顶是观看梅里雪山的景色。

如果进行徒步活动，可以有两个选择，一条线是明永冰川，另一条线是雨崩村。梅里雪山 + 明永冰川：228 元，梅里雪山 + 雨崩：230 元，无论哪条线都可以登上三个观景台参观。

（三）梅里雪山交通

金沙江大湾、雾浓顶和飞来寺三个观景台都位于 214 国道边，从香格里拉出发，沿 214 国道行驶 86 千米到达金沙江大湾观景台，再往前行 70 千米离开 214 国道，左转 3 千米到达雾浓顶观景台，返回 214 国道经德钦 15 千米到达飞来寺观景台。

从香格里拉县城每天有班车发往德钦，车费 67 元左右,车程 5～6 小时，但从德钦到飞来寺的班车不固定，可以在县城包车或乘出租车前往，单程车费约 30 元。德钦—明永冰川，单程约 150 元，往返约 200 元；德钦—西当村，单程约 180 元。西当村是前往雨崩的必经之路，从此处再往前行就只有徒步或骑马了。

二十三、"金三角"环线上的住宿地

作为当下的旅行攻略，对宾馆、酒店、客栈、民宿等住宿地的推荐变得越来越难，原因在于旅游者的需求多样、喜好不一。同一个人旅行也希望住宿体验更加丰富，可能在甲地选择了酒店，到乙地没准会选择客栈。而且，现各大在线旅行预订平台所涵盖的住宿设施更是全面而多样化，所以不推荐具体住哪一家或选哪几家对于旅游者来说倒是好事儿，不禁锢人们的思维，可以到网络上去看图片、看评价、看服务去选择。

在此，我们只提一下在稻芒香"金三角"环线旅行几个可供选择的主要的住宿节点。按顺时针依次是：云南香格里拉市、奔子栏镇、德钦县城、飞来寺观景台，西藏芒康曲孜卡乡、芒康县城，四川巴塘县城、理塘县城、稻城县城、香格里拉镇、亚丁风景区内、乡城县城。

选择哪几个地方停留来完成在"金三角"环线上的旅行，那还要根据出发地和离开地，以及旅行时间来具体安排。通常把"金三角"环线上的壮丽景色和民族风情都体验到，短则十天，长则半月。

但把生命中的十天半月奉献给这片土地，走过之后，你会发现，是非常值得的事情、特别正确的决定！

二十四、稻芒香"金三角"上的注意事项

稻芒香"金三角"位于青藏高原东南缘，海拔高、温度低，3000 多米、甚至 4000 多米的海拔之上，人们要注意保暖，即使在七八月的夏季，也要带上较厚的衣物，如保暖内衣、围巾、帽子、冲锋衣或棉服、登山鞋等。

随处可见的玛尼堆是路上的一道风景线，也是藏族同胞心中神的路标，上面刻着佛像或六字真言，行路遇到应该从左往右绕行。不可拾取玛尼石，

更不能坐在玛尼堆上。

到藏民家中做客或寺庙中参观可遵从主人安排，不能高声喧哗，不得跨越法器、火盆，经筒、经轮不得逆转，不能摸别人的头顶。

近距离拍摄人物一定要征得当事人的同意；许多寺庙内禁止拍照，即使在博物馆参观，佛像和唐卡也不能拍照。

高原紫外线强烈，户外活动时，应当戴上太阳镜、遮阳帽，涂抹防晒霜，以防晒伤皮肤。

面对真诚的乞讨者可略做布施，但遇到一群围拢的孩子索要钱财或物品时，应该及时撤离，避免不必要的麻烦。

考虑到地形复杂、气候多变、路况相对较差，加之可能参与的登山、漂流或骑马活动，应该在出行前为自己和同行者购买短期旅行保险。

（一）高反与应对

高原地区氧气含量低，要合理应对高原反应。高原反应简称高反，从平原地区上到高原的人都摆脱不了高原，但人因体质和心情，高原反应有轻有重。

总的应对原则是：放松心情、积极预防、合理缓解。

首先，要从心理上对高原地区不怕、不怵、不担心，有一个好的心情，相信一句话：如果你爱高原，高原也会爱你的。

其次，要积极预防，在上高原前几天开始服用红景天一类的药物，不饮酒、不吸烟，适量运动，注意规律饮食，注意充分睡眠。

最后，人初上高原，行动要缓慢一些，避免过度兴奋，多饮水，保证睡眠，前两三天最好不要洗澡，以防感冒。正常人最好不要一有不适就吸氧，应给身体一个适应的过程，也避免对氧气产生依赖。万一确有不适或出现感冒发烧症状，应及时就医，必要时及时下撤到低海拔地区。

（二）稻芒香"金三角"的旅游行囊

服装：保暖衣裤、速干衣裤、几套换洗的内衣、防风防水的外衣外套、围巾或头巾、手套、帽子、登山鞋、凉鞋（夏天）。

装备：背包或拉杆箱（视交通方式而定）、腰包或挎包、太阳镜、水杯（最好保暖）、手机（充电器或充电宝）、相机、手电（最好是头灯）、GPS（自驾必备以防手机没有信号）、手表、雨伞或雨披、指南针（去偏远地带）、笔记本电脑（需要实时工作）、睡袋（到偏远地方）、对讲机（小团队出行或多辆车自驾）、方便饭盒、纸杯和一次性筷子（野餐需要）。

洗护用品：牙刷、牙膏、香皂、毛巾、防晒霜、护肤品、湿巾、纸巾、唇膏。

后　记

　　2018 年 4 月中旬，在西藏社科院挂职的中国社科院财贸所老友李超博士打来电话，问我有没有兴趣组织一个课题组赴四川稻城亚丁、西藏芒康、云南香格里拉就三地旅游发展一体化进行深度考察研究，然后综合游记、发展设想、可行性分析等，完成一部可读性强、图文并茂、实用性好的旅游推介及发展建议书刊，书名暂定为《旅游"金三角" 首选稻芒香》。这个项目是受他前不久在芒康调研结识的重庆援藏干部，芒康县委常务副书记、政府常务副县长王代兵同志所托，希望他帮忙联系一所国内旅游院校的相关专业老师和研究人员组队完成此项工作，而作为成果的这本著作，既是一种推介"金三角"地区，特别是"善妙芒康"旅游产品资源的有效宣传形式，同时，在某种程度上说，也是一份这批重庆援藏干部在芒康三年工作的"成绩单"。

　　深知这项任务既光荣又有些艰巨，我首先征询了我系资深旅游达人李飞老师的意见，他不仅旅行足迹遍布国内外，而且有着丰富的游记写作和出版经验。刚听完我的介绍，他马上就说这个事儿太有意义了，我们做吧！于是我俩开始分头协调联系，大概半个月后，综合考虑性别、年龄、专业背景、目标读者群体等主要因素后，我们的 8 人考察写作团队组建完毕。团队构成有两个鲜明的特点，一个是年龄分布覆盖了"50 后"到"90 后"四个区段，另一个是专业背景涉及了旅游营销、人文地理、生态旅游、产业经济、自然哲学、英语语言文学六个领域，这样一来，可以充分保证写作内容和视角的多元性和丰富性。

7月12日至31日，我们历时20天完成了对稻芒康的实地调研和考察，2018年8月至2019年2月，我们历时7个月完成了13万的原始文字书稿。

现在呈现给读者的这本编辑文字近20万、图片近200张的成书是我们集体创作的智慧结晶。现在回想起当时采风的情景，我们每个成员都还历历在目。我们组队时就建立的"金三角考察交流微信群"一直见证和保存着我们共同的珍贵记忆：藏家乐的歌舞升平、莽措湖的纵情山水、花间堂的把酒言欢……

在考察过程中结下的深厚情谊也使我们建立了开诚布公、互帮互助的合作关系，这也很好地保证了我们集中召开的三次写作沟通协调会的效果和写作内容的质量。当然，仁者见仁、智者见智，由于考察时间和资料获取有限以及自身写作水平和学养不足等主客观原因，这本书还有不少的缺憾，错谬之处在所难免，敬请广大读者、专家斧正。另外，考虑全书结构的一致性和可读性，关于三地旅游发展一体化的设想建议和可行性分析并未收入本书中。我们可以自信地说，这是一部足够真诚的作品。虽然文风并不统一，或严谨地引经据典，或细腻地直抒胸臆，有些文章读起来会像小说一般让人意犹未尽、欲罢不能，有些文章读起来却又似学术论文一样难免有些枯燥和晦涩难懂，但这也有助于读者各取所需，提高阅读的效率。

最后，重庆市第八批援芒工作队在本书的整体策划、现场采风、编辑出版等方面统筹谋划、精心组织、周密安排，提供了坚强有力的保障，本书的出版还得到了芒康县县委办公室米玛国杰、高金龙，芒康县委宣传部洛松邓培、邓增四郎、何邵福，芒康县旅游局庄杰、苗燕、汪凯，重庆市第八批援芒干部唐超同志的大力支持，在此一并表示感谢！

考察的过程本身对我们来说也是一次非常难得的接受实践检验和思想教育的机会，为我们今后的学习工作提供了不竭的精神动力。就像我们在藏区看不尽的五色经幡，这五种颜色象征着蓝天、白云、火焰、江河和土地，也代表着藏区各族人民开朗、纯净、热情、质朴和虔敬的性格特征，这些满满的正能量已经传输到我们的血液里，并在我们心中生根发芽。

善妙芒康，扎西德勒！

希望我们能够再次踏上这片神奇的人间净土！

旅游『金三角』首选稻芒香